# PROCÈS

# DE DARMÈS

## DEVANT LA COUR DES PAIRS.

Imprimerie de Schneider et Langrand, rue d'Erfurth, 1.

# PROCÈS
# DE DARMÈS

DEVANT LA CC⋯ ᴅᴇs PAIRS.

## ATTENTAT CONTRE LA VIE DU ROI.

### CONTENANT :

les faits préliminaires, l'acte d'accusation,
les interrogatoires, les dépositions, les débats, les réquisitoires,
les plaidoiries, l'arrêt, etc.

**PARIS,**

**PAGNERRE, ÉDITEUR,**

RUE DE SEINE, 14 BIS.

1840

# PROCÈS
# DE DARMÈS.

### devant la Cour des Pairs.

---

## ATTENTAT CONTRE LA VIE DU ROI.

---

## Faits Préliminaires.

—

### RÉCITS DES JOURNAUX.

Un coup de feu a été tiré ce soir, à six heures, sur la personne du roi, au moment où il passait sur le quai des Tuileries pour retourner à Saint-Cloud.

Le roi, ni aucune des personnes qui l'accompagnaient, n'ont été atteints.

Le coupable est arrêté.

Il avoue son crime.

*(Messager du 15 octobre 1840.)*

---

Une tentative d'assassinat a été commise ce soir sur la personne du roi.

Sa Majesté n'est pas blessée.

La voiture du roi franchissait le quai des Tuileries pour prendre la route de Saint-Cloud. Il était six heures, et déjà la nuit était venue, lorsqu'un homme, placé à quelques pas du factionnaire stationnant à l'extrémité de la terrasse du bord de l'eau, au poste dit *des Lions*, saisit une petite carabine qu'il tenait cachée sous sa redingote, ajusta pendant quelques secondes, et lorsque le factionnaire s'élança sur lui, le coup était déjà parti.

L'arme, qui contenait une charge trop forte, avait éclaté entre les mains de l'assassin et l'avait blessé assez grièvement à la main.

Il s'est laissé arrêter sans faire de résistance, et il a été immédiatement conduit au poste.

Bientôt après, M. Gabriel Delessert, préfet de police, était sur les lieux et procédait à un premier interrogatoire. M. le procureur général, M. le procureur du roi et un de MM. les juges d'instruction ont aussi commencé immédiatement l'information.

L'assassin a été transféré à la Conciergerie, où se sont rendus ce soir M. le chancelier Pasquier et M. le duc Decazes.

Il a déclaré se nommer DARMÈS, sans profession ; puis se reprenant, il aurait ajouté : *Conspirateur*. Il a refusé obstinément de donner d'autres détails, soit sur sa position, soit sur son domicile, et l'on n'a trouvé sur lui aucun papier qui pût le faire connaître.

Darmès n'a pas hésité à déclarer que son projet était de tuer le roi ; il aurait dit que son seul regret était d'avoir manqué son coup... que c'était sa faute... qu'il avait trop chargé son arme ; qu'il y avait mis cinq balles et deux chevrotines... « J'avais pourtant visé juste et je le tenais, » a-t-il ajouté avec un épouvantable sang-froid.

Darmès est un homme de quarante ans environ, de petite taille.

Il était porteur de deux pistolets fortement chargés et d'un poignard.

Le *Moniteur parisien* publie ce qui suit :

« Un coup de feu a été tiré ce soir, à six heures, sur la personne du roi, au moment où il passait sur le quai des Tuileries pour retourner à Saint-Cloud.

« Le roi, ni aucune des personnes qui l'accompagnaient, n'ont été atteints.

« Le coupable est arrêté.

« Il avoue son crime. »

On disait cependant ce soir qu'un des gardes nationaux de l'escorte, et un des valets de pied montés derrière la voiture, avaient été légèrement blessés.

On annonce que le *Moniteur* publiera demain l'ordonnance qui saisit la Cour des pairs de ce nouvel attentat.

(*Gazette des tribunaux du 16.*)

Au récit de nos journaux officiels, nous ajouterons les détails suivants, dont nous voudrions pouvoir révoquer en doute l'authenticité. Le coupable est un jeune homme de petite taille, dont les traits annoncent une sombre énergie. Il s'était posté près du pont de la Concorde et presque en face du corps de garde occupé par la troupe de ligne, à l'angle des Tuileries. L'arme qui a servi d'instrument à l'attentat est une carabine que l'assassin avait sans doute trop chargée, car elle a éclaté dans ses mains et lui a enlevé trois doigts. Il s'est laissé arrêter sans résistance, et s'est à peu près livré lui-même, ne voulant pas, disait-il, que l'on pût soupçonner les soldats du poste d'avoir tiré sur le roi. On a trouvé sur lui un poignard et deux pistolets chargés qui peuvent passer pour des armes de prix.

On a fait subir au coupable un premier interrogatoire, en présence de M. le préfet de police. Il prétend se nommer Darmès, et être né à Marseille. Ce n'est pas tout à fait un ouvrier ; il paraît avoir reçu cette éducation incomplète qui obscurcit trop souvent, dans l'intelligence, les notions du bien et du mal. Il est de la race des Alibaud et des Meunier. Interrogé sur sa profession, il a répondu avec une espèce d'orgueil : « Je suis conspirateur. » On lui a demandé s'il avait des complices ; il affirme n'appartenir à aucune société secrète, et avoir conçu depuis huit jours à peine son détestable projet. Quant aux motifs qui l'ont porté à commettre un pareil crime, il se rejette sur son patriotisme et sur la conviction où il était que Louis-Philippe fait le malheur du pays.

La justice est saisie et fera son devoir. Si le coupable a des complices, il faut que le bras de la société s'étende aussi sur eux, et que l'on sache enfin si cette affreuse manie du régicide est une épidémie, ou une pensée qui germe périodiquement dans quelques esprits malades que le vertige politique a frappés. Nous souhaitons que l'attentat de Darmès soit un crime isolé. Il serait trop douloureux d'admettre que, dans une société aussi avancée que la nôtre, l'assassinat puisse avoir des partisans. Remercions aussi la Providence qui n'a pas permis que l'attentat fût consommé, qui a sauvé miraculeusement les jours du roi, comme si elle eût voulu prouver qu'un crime détesté par tout le monde est un crime impossible aujourd'hui.

(Courrier français du 16.)

---

Une de ces catastrophes déplorables et funestes surtout à la cause du progrès et de la liberté, a cruellement signalé la journée.

Nous avons recueilli sur l'événement des renseignements que nous croyons exacts.

C'est vers six heures, lorsque le roi retournait à Saint-Cloud, que la tentative d'assassinat a eu lieu.

Au moment où la voiture royale passait devant le poste qui se trouve à l'angle du jardin des Tuileries, presque en face du pont de la Concorde, le tambour a battu aux champs selon l'usage, la troupe a présenté les armes, et le roi s'est avancé hors de sa voiture pour saluer.

A l'instant une forte détonation s'est fait entendre : c'était un coup de carabine tiré par un homme placé de côté et un peu en arrière de la voiture, contre un poteau portant un réverbère, à deux pas de la sentinelle. Mais la carabine avait crevé, et l'homme, tout ensanglanté et la tête perdue, au lieu de chercher à fuir du côté du quai, s'est jeté en avant presque dans les bras d'un soldat qui l'a arrêté et entraîné sur-le-champ dans le corps de garde. Pendant ce temps, la voiture du roi continuait sa route.

Après un pansement fait à la hâte, le prisonnier a été conduit au château par la terrasse, et transféré bientôt après à la Conciergerie.

Une visite des médecins a constaté qu'il avait l'épaule et la main fracassées, que l'amputation était nécessaire, mais qu'elle pouvait offrir du danger.

Pendant ce temps, MM. Pasquier, Decazes, Frank-Carré et le ministre de la justice étaient prévenus ; ils accouraient, et il était décidé que l'assassin serait interrogé avant qu'on opérât l'amputation.

Il paraît qu'il a déclaré se nommer Darbès, né à Marseille, âgé de quarante-trois ans. Interrogé sur sa profession, il aurait répondu : *Conspirateur.* Il portait une blouse sur un costume assez négligé, et, outre la carabine que sa blouse lui permettait de cacher, on l'a trouvé, dit-on, armé de deux pistolets et d'un poignard.

On l'a renfermé dans le cabanon de Fieschi, où, vers neuf heures, MM. Thiers, Rémusat et Jaubert sont venus se réunir aux personnages qui procédaient à l'interrogatoire.

Dans la soirée, beaucoup de personnes se sont rendues à Saint-Cloud pour féliciter le roi d'avoir échappé à cette odieuse tentative.

(Commerce du 16.)

--- ---

L'individu qui a tiré sur le roi s'était placé immédiatement auprès de la potence qui soutient un réverbère, à huit ou dix pas tout au plus du corps de garde situé à l'extrémité du quai des Tuileries et à l'entrée de la place Louis XV. Tous les hommes du poste étaient en ligne et présentaient les armes. Le roi passait la tête à la portière lorsque le coup est parti.

L'arme a éclaté dans les mains du meurtrier, et il a été lui-même tellement troublé qu'il s'est sauvé précisément du côté du poste et est allé se heurter contre un des soldats de garde. Ce soldat, voyant son agitation et le sang dont il était couvert, lui dit : « C'est vous qui avez tiré! » et l'arrêta aussitôt.

L'arme, en éclatant, lui avait emporté trois doigts : c'était une forte carabine : il déclara qu'elle était chargée de huit balles. Le canon était entièrement brisé, de telle manière que presque toutes les balles ont dû partir en l'air. Un des valets de pied qui étaient derrière la voiture a cependant été blessé. Une balle avait frappé sur un des rayons de la roue de derrière et l'a atteint en ricochant à la jambe. Cette blessure n'a rien de grave.

L'assassin était vêtu d'une grande redingote, sous laquelle il avait caché sa carabine : on a trouvé en outre sur lui deux pistolets fortement chargés et un poignard : c'est un homme de très-petite taille, âgé de quarante-trois ans.

(Siècle du 16.)

---

L'arme dont Darmès a fait usage est une vieille carabine en fort mauvais état, qui a éclaté et qui lui a fracassé la main. La sentinelle s'est avancée vers lui, et il s'est en quelque sorte livré lui-même sans la moindre résistance. Il a été conduit au poste, où un aide de camp et un commissaire de police sont arrivés en même temps.

Il a l'épaule fracassée ainsi que la main.

Un des gardes nationaux de l'escorte a été blessé d'une éclaboussure à la main.

La voiture du roi ne s'est point arrêtée et elle a continué sa route vers Saint-Cloud.

Cette nouvelle a produit deux francs de baisse à la bourse de Tortoni.

(National du 16.)

---

Ce matin, la plus grande partie de la population parisienne ignorait encore l'attentat qui avait menacé les jours du roi, et c'est avec une indignation mêlée de stupeur qu'on apprenait toutes les circonstances qui, dans les longues prévisions de l'assassin, devaient assurer l'exécution de son exécrable forfait.

Darmès, qui avait devancé de quelques instants la voiture de Sa Majesté, s'était arrêté derrière le poteau placé à droite du poste *des Lions*, presque à la hauteur du pont de la Concorde, et il avait prévu avec raison que sa présence à côté d'un poste sous les armes devait éloigner tout soupçon. Il était à dix pas au plus de la voiture, et il fit feu au moment où le roi s'avançait au-devant de la portière pour saluer le poste qui était sous les armes.

L'assassin avait supposé que le roi, selon son usage, était assis dans le fond de la voiture ; mais, par une circonstance qui peut-être lui a sauvé la vie, Sa Majesté était placée sur le devant, le siége du fond étant occupé par la reine et par madame Adélaïde. L'assassin, qui d'abord avait ajusté dans la direction où il croyait le roi placé, fut donc forcé de faire une légère conversion de gauche à droite, et ce mouvement dérangeant le coup, le plomb meurtrier passa au-dessus et au devant de la voiture.

Nous avons rapporté hier les principales circonstances de l'arrestation de Darmès, et le résultat de ses premiers interrogatoires. Voici les nouveaux détails qu'il nous a été possible de nous procurer :

On a retrouvé sur les lieux, à droite, et à cinq ou six pas seulement du poteau, les fragments du canon de la carabine qui avait éclaté au moment de l'explosion. Deux balles de calibre ont également été retrouvées, l'une sur le trottoir, qui, à sa forme aplatie, paraîtrait avoir frappé sur le parapet, l'autre au milieu de la chaussée à droite, et à vingt pas environ du lieu d'où le coup était parti.

Ainsi que nous l'annoncions hier, deux personnes ont été blessées.

M. Bertolacci, qui faisait partie de l'escorte de gardes nationaux à cheval, appartenant au premier escadron, a été atteint d'une chevrotine à la main gauche ; un valet de pied, nommé Grus, qui se trouvait assis sur le siége, à côté du cocher, a été frappé également à la cuisse droite d'une balle qui a profondément pénétré dans les chairs.

A six heures et demie la voiture de Leurs Majestés arrivait à Saint-Cloud, et le premier soin du roi était de s'informer de l'état des blessés, et de leur donner de ses mains les premiers secours.

Le moyeu du côté droit de la voiture dans laquelle étaient Leurs Majestés a été atteint par six projectiles, ainsi que le rail et le ressort. Cette voiture, amenée le matin de Saint-Cloud à Paris, a été examinée par les magistrats chargés de l'instruction, et procès-verbal a été dressé de son état.

Au moment de l'explosion de l'arme, qui, chargée jusqu'à la gueule, avait éclaté en produisant un bruit à peu près égal à celui d'une forte bombe d'artifice, le grenadier placé à l'extrémité de gauche du poste en ligne en avant du corps de garde, s'élança la baïonnette en avant vers l'assassin demeuré immobile sur la place et tout enveloppé encore d'un nuage de fumée. « Misérable ! rends-toi, s'écria le soldat. — Je ne me sauve pas, » répondit le meurtrier. Et aussitôt, entouré par les sergents de ville en surveillance sur le passage de Sa Majesté, et par les soldats qui s'étaient débandés pour se précipiter sur le point de l'explosion, il fut entraîné au corps de garde.

Dans son explosion, la carabine dans laquelle il avait introduit, outre une triple charge de poudre, cinq balles et huit ou dix chevrotines, lui avait fait à la tempe droite une assez forte contusion, et à la main gauche une blessure grave et surtout excessivement douloureuse ; aussi, malgré le sang-froid dont il cherchait évidemment à faire parade, il se sentit, presqu'au moment de son entrée dans le poste, saisi d'une sorte de défaillance. On le rappela à lui, et M. le préfet de police, qui pendant ce temps était arrivé, et que bientôt rejoignirent M. le procureur général et M. le procureur du roi, procéda à un commencement d'instruction.

Au moment où il avait été arrêté, l'assassin se trouvait porteur de deux pistolets chargés et d'un couteau en forme de poignard ; mais nul papier, nul indice de nature à faire connaître qui il était. Toutefois, dès les premières questions, cet individu, dont l'accent prononcé révélait une origine méridionale, a répondu aux principales questions qui lui ont été faites. Voici quelques-unes de ses réponses :

D. Comment vous nommez-vous ? — R. Marius-Edmond Darmès.

On a su plus tard, par les pièces saisies au domicile de l'assassin, qu'il s'appelait non pas *Marius-Edmond,* mais bien *Marius-Ennemond* Darmès.

D. Où êtes-vous né ? — R. A Marseille (Bouches-du-Rhône).

D. Quel âge avez-vous ? — R. Quarante-trois ans. (Darmès est né en février 1797. )

D. Où demeurez-vous ? — A cette demande, l'assassin ne répond pas. Interrogé à différentes reprises, il persiste à ne rien dire.

D. Votre profession ? — R. Conspirateur.

D. Mais ce n'est pas là une profession? — Eh bien! mettez que je vis de mon travail.

D. Qui a pu vous pousser à commettre un crime aussi odieux? Avez-vous des complices? — Je suis le seul complice; j'ai voulu tuer le plus grand tyran des temps anciens et modernes qui ait existé.

D. Ne vous repentez-vous pas maintenant d'avoir conçu et exécuté une aussi abominable tentative? — R. Je ne me repens que de n'avoir pas réussi.

D. Aviez-vous depuis longtemps le projet d'assassiner le roi? — R. J'ai eu ce projet une heure seulement avant de le mettre à exécution.

Dans le cours de cet interrogatoire, il a plusieurs fois répété que son seul regret était d'avoir manqué son coup. « J'aurais tué le roi, a-t-il ajouté, que je ne me serais pas sauvé; on aurait pu me massacrer sur la place, mais j'aurais sauvé la France, et plus tard on m'eût élevé des statues. »

Interrogé sur l'usage qu'il comptait faire des armes saisies sur lui, Darmès a répondu : « Je les avais prises pour me défendre. »

Heureusement, étourdi par la commotion que lui a causée l'explosion de la carabine, par la blessure qu'il a reçue, et aussi par la précipitation avec laquelle on s'est jeté sur lui, Darmès n'a eu ni assez de temps ni assez de sang froid pour donner suite à ses projets de résistance.

Quelques instants avant de commettre son crime, Darmès était entré dans un cabaret et avait bu un verre de vin. Il se dirigea ensuite vers le quai des Tuileries, et ce fut après une étude attentive des lieux et un calcul de toutes les chances possibles de réussite qu'il se plaça près du corps de garde.

L'arrivée de M. Auvit), médecin en chef de la garde municipale, et du docteur Blandin, appelés pour donner les premiers soins au blessé, interrompit le premier interrogatoire de Darmès. En faisant explosion, la carabine avait brisé les doigts indicateur et annulaire de la main gauche; les docteurs furent d'avis de remettre au lendemain l'amputation, et ils se contentèrent de prescrire un premier pansement qui fut fait par M. de Guise fils, interne à l'Hôtel-Dieu.

A huit heures, un fiacre, amené devant le poste, reçut Darmès, qui fut dirigé vers la prison de la Conciergerie, accompagné de deux gardes municipaux et de deux sergents de ville, placés dans la voiture, qu'escortait en outre un détachement de garde municipale à cheval.

M. le chancelier Pasquier et M. le duc Decazes se trouvèrent bientôt, ainsi que M. le préfet de police, M. le procureur général, M. le procureur du roi et M. Zangiacomi, juge d'instruction, réunis à la Conciergerie, où le prisonnier, dès son arrivée, avait été déposé sous la surveillance de deux gardiens et de deux factionnaires, qui ne doivent plus le perdre de vue, dans la cellule où ont été renfermés tour à tour Fieschi et Alibaud.

Les nouveaux interrogatoires qu'on lui fit subir ne jetèrent aucune lumière nouvelle sur l'attentat dont il persiste à se déclarer le seul auteur.

On parvint toutefois à savoir que depuis près de vingt années il habitait Paris et y exerçait la profession de frotteur ; on sut aussi que depuis quelques mois il était employé comme homme de peine dans une maison du boulevard Italien, située en face de la rue Laffitte, et qu'il demeurait lui-même rue de Paradis-Poissonnière, 44.

Un commissaire de police délégué, M. Marut de l'Ombre, se rendit aussitôt à ce domicile et procéda à une perquisition.

Ce domicile, qui est garni de quelques mauvais meubles, et dont l'aspect dénote un dénûment presque absolu, consiste en un petit cabinet qu'il habitait depuis six mois environ. Avant cette époque il demeurait rue de Trévise, 2, dans une maison d'où il avait été renvoyé pour inconduite.

On a trouvé rue de Paradis un grand nombre de papiers presque tous écrits de la main de Darmès ; ce sont pour la plupart des copies de pamphlets et de proclamations révolutionnaires. On y a découvert notamment des copies d'un discours de Saint-Just et d'un discours destiné à réfuter les proclamations de Louis-Bonaparte, et, dit-on aussi, le projet de règlement d'une société secrète.

Outre ces papiers, il y en avait un grand nombre d'autres couverts de notes sur les républicains les plus fameux de l'antiquité, de la poudre de chasse, des balles, lingots et capsules.

Plusieurs passeports de différentes dates ont constaté que Darmès avait été successivement domestique, portier et frotteur.

Il avait également une médaille de cocher de cabriolet qu'il avait demandée et obtenue récemment, mais dont il n'avait pas fait usage.

Hier soir, Darmès, resté seul avec ses gardiens, essaya vainement de prendre du repos ; mais soit que sa blessure le fît trop cruellement souffrir, soit que son agitation morale fût trop poignante, la nuit entière s'écoula sans qu'il lui fût possible de fermer les yeux.

Ce matin, M. le docteur Auvity, après avoir soigneusement examiné son état, déclara que l'amputation du poignet gauche, qui peut-être pourrait devenir nécessaire, présenterait pour le moment de trop grands dangers ; il se contenta donc de pratiquer l'amputation complète du doigt indicateur, et la section de deux phalanges seulement de l'annulaire. Le blessé a supporté cette double opération avec une complète impassibilité.

C'est vainement que dans tous ses interrogatoires les magistrats ont tenté de faire appel à sa conscience et d'éveiller en lui quelques sentiments de remords. Il n'a cessé de répéter que son seul regret était de n'avoir pas réussi, parlant avec un air d'orgueil de ce que la France eût dit de lui, de la célébrité qu'il se fût faite, mêlant à ses réponses de féroces et incohérentes déclamations sur les tyrans et les traîtres, sur les droits du peuple opprimé, etc.

Darmès est un homme de petite taille et un peu contrefait : des yeux renfoncés, un front déprimé, et une barbe rousse, donnent à sa physionomie une expression farouche et commune.

On ignore encore si Darmès a des complices ou si son crime n'est pas l'acte isolé d'un misérable fanatisé par les odieuses doctrines qui tant de fois déjà ont armé la main des régicides.

Quoi qu'il en soit, plusieurs arrestations ont été faites dans la journée.

L'une se rattache, dit-on, à la possession par Darmès de la carabine dont il s'est servi, arme de luxe que, dans sa position de misère, on pouvait être surpris de trouver entre ses mains.

Une seconde arrestation aurait été opérée sur la personne du sieur Allaux, ouvrier lithographe, arrêté déjà plusieurs fois sous prévention politique et notamment dans l'affaire des poudres.

Nous avons annoncé hier que la Chambre des pairs devait être saisie de ce nouvel attentat. L'ordonnance qui constitue la Chambre en cour de justice a été signée ce soir, et sans doute elle sera demain communiquée à la Chambre, car nous lisons dans le *Moniteur parisien* l'avis suivant :

« Le chancelier de France, président de la Chambre des pairs, a l'honneur d'informer MM. les pairs qu'ils se réuniront demain samedi 17 du courant, à deux heures, au lieu ordinaire de leurs séances. »

( Gazette des Tribunaux du 17 octobre. )

Dans les occasions malheureusement trop fréquentes où les jours du roi ont été menacés, jamais il n'a couru un danger aussi grand que celui auquel il vient encore d'échapper par une circonstance vraiment toute providentielle; car le meurtrier est non-seulement un tireur exercé, mais il possède, en outre, une audace et une détermination que n'a pu faire fléchir la redoutable expectative qui doit être la conséquence de son crime; enfin, dans son fanatisme politique, il n'exprime que le regret de n'avoir pas réussi.

Henemond-Marius Darmès est âgé de quarante-deux ans, et natif de Marseille; c'est un homme de petite taille (quatre pieds et quelques pouces), il a le teint pâle et le regard fauve; ses cheveux, taillés à la *malcontent*, sont d'un blond-clair ainsi que sa barbe; il porte des favoris et des moustaches coupées au ras des lèvres. Son extérieur annonce la dissimulation et l'énergie; après avoir été réformé du service pour défaut de taille et de complexion, il a exercé plusieurs professions infimes, et a été tour à tour domestique, cocher de remise, porteur d'annonces pour la Société parisienne d'assurances mutuelles, puis enfin frotteur. Voici maintenant les circonstances positives dans lesquelles l'attentat a été commis.

Au moment où le roi, après avoir assisté au conseil des ministres, retournait à Saint-Cloud, Darmès s'était posté sur son passage, derrière le poteau du réverbère qui fait face au corps de garde du lion du bord de l'eau, à l'entrée de la place de la Concorde. Il appuya même sa carabine contre ce poteau, afin de mieux ajuster; mais il avait mal chargé son arme, ou plutôt il l'avait trop chargée, car, d'après son aveu, elle contenait cinq balles, cinq chevrotines et des lingots, et elle éclata dans les mains du meurtrier, auquel elle enleva trois doigts. L'effet de l'explosion fut si extraordinaire, qu'on crut dans le premier moment que c'était un pétard. La voiture ne s'arrêta pas et le roi lui-même ne sut qu'à Saint-Cloud ce qui s'était passé. Un valet de pied, appartenant à madame Adélaïde, et placé derrière la voiture, avait seul reçu une blessure très-légère à la jambe, et il ne descendit pas.

Cependant, les soldats du poste et les personnes qui se trouvaient présentes cherchaient à se rendre compte de ce qui s'était passé. Le caporal, alors, aperçut Darmès qui tenait en l'air sa main ensanglantée, et qui, au lieu de chercher à fuir, s'avançait dans la direction du corps de garde. Le caporal lui dit : « Est-ce que c'est vous qui venez de tirer sur le roi? — Oui, c'est moi, citoyen, lui répond avec fermeté Darmès.

Est-ce malheureux! ajoute-t-il avec un horrible sang-froid, et tout en entortillant sa main avec son mouchoir : moi qui tue un lièvre à cinquante pas, quand je le tenais au bout du canon de ma carabine. »
Des agents s'étaient déjà emparés de lui, et plusieurs ministres, ainsi que le préfet de police, arrivèrent bientôt auprès du prisonnier, sur lequel on avait trouvé un poignard très-long et très-effilé attaché sous sa redingote, dont les poches contenaient en outre deux pistolets de poche chargés jusqu'à la gueule, et une brochure sur la conspiration du général Mallet.

L'explosion a été si forte qu'on n'a pu retrouver sur la place où le coup a été tiré, que la crosse et la baguette en fer ployée, et un éclat du canon de cinq à six centimètres.

Dans le premier interrogatoire fait par M. Zangiacomi, et auquel assistaient M. Decazes et M. de Rémusat, Darmès a déclaré qu'il n'avait pas de complices. Toutes ses réponses sont empreintes d'un fanatisme extraordinaire, et tout porte à croire qu'il est un instrument aveugle que d'autres ont poussé au crime. Il a été longtemps sans vouloir indiquer sa demeure, et il a fini par déclarer qu'il restait dans un petit entresol que lui sous-louait un locataire de la maison n° 44, rue de Paradis-Poissonnière; on y a trouvé plusieurs paquets de poudre, ainsi que des balles et des capsules.

Ce matin, le préfet de police avait écrit au marquis de Strada, officier de la maison du roi, pour que la voiture dans laquelle il était fût envoyée à Paris. Elle est arrivée aujourd'hui aux écuries de la rue Saint-Thomas-du-Louvre; on a trouvé dans le train de derrière sept traces de projectiles.

Darmès a été écroué à la Conciergerie; on pense qu'on sera obligé de lui faire l'amputation de la main.

(Droit du 17 octobre.)

L'assassin qui a été arrêté hier, au moment même de l'attentat, se nomme Darmès; il est né à Marseille et est âgé de quarante-trois ans. Outre la carabine dont il s'est servi pour l'exécution de son crime, il était porteur de deux pistolets chargés jusqu'à la gueule, d'un couteau-poignard, et d'une brochure publiée récemment et ayant pour titre : *Conspiration du général Mallet.*

Arrêté sur-le-champ, et interrogé presque aussitôt par M. le préfet de police, en présence de M. le ministre de l'intérieur, il a déclaré que son intention était de tuer le roi, et qu'il regrettait vivement d'avoir *manqué son coup*. Il a manifesté une grande exaltation pendant son trajet à la Conciergerie. Il a ajouté que son arme était chargée de cinq balles et huit chevrotines.

Darmès demeurait rue de Paradis-Poissonnière et exerçait le métier de frotteur ; il a été antérieurement cocher. Il tenait habituellement des propos injurieux contre le roi et la famille royale ; il s'est trouvé dans plusieurs réunions politiques.

Les perquisitions faites à son domicile ont amené la saisie de vingt-cinq écrits manuscrits ou imprimés, de poudre de chasse, balles, lingots, capsules, et de deux médailles de cocher.

Aujourd'hui, Darmès a été amputé du pouce et de deux doigts de la main gauche, par suite de la blessure que lui a faite sa carabine en éclatant.

L'examen qui a été fait aujourd'hui, par suite de l'enquête judiciaire, de la voiture dans laquelle se trouvait le roi au moment de l'attentat, constate qu'elle a été atteinte par six projectiles. La moitié du canon de la carabine, qui n'avait pas été retrouvée hier, l'a été ce matin dans l'un des fossés de la place de la Concorde ; ce canon est très-court, épais et cannelé.

D'autres débris de cette arme ont été retrouvés loin de là, plusieurs près du parapet du quai ; un morceau de balle a franchi le fossé de la place qui est voisin du poste du Lion.

Un des valets de pied, monté derrière la voiture du roi, a été atteint à la jambe.

(Moniteur parisien du 16 octobre.)

---

Après ce premier interrogatoire de l'assassin, M. le préfet de police, toujours en présence de M. le ministre de l'intérieur, entendit les dépositions des sous-officiers, adjudants, sergents de ville et soldats qui avaient contribué à l'arrestation de Darmès, ou qui en avaient été témoins.

Nous avons dit que Darmès avait eu la main fracassée ; aussitôt après son arrestation, les docteurs Blandin et Auvity furent appelés. Consultés sur la nécessité d'une amputation immédiate, ils déclarèrent qu'il fallait attendre, et prescrivirent un pansement qui fut fait, séance tenante, par M. de Guise fils, interne à l'Hôtel-Dieu.

À huit heures, une voiture de place fut amenée devant le corps de garde; l'assassin y monta avec deux gardes municipaux. Un détachement de garde municipale à cheval précédait la voiture à dix pas et une forte escorte l'accompagnait.

Ce matin, M. le procureur général et M. le procureur du roi ont procédé à un nouvel interrogatoire de Darmès, qui, cette fois, a consenti à répondre à toutes les questions qui lui étaient adressées.

Ainsi, il a déclaré qu'il était frotteur, et qu'il logeait rue de Paradis-Poissonnière, 44.

Il a dit que la carabine avec laquelle il avait fait feu sur Sa Majesté était chargée de cinq balles et de huit chevrotines.

Ce matin, les médecins qui avaient fait poser hier un premier appareil sur la main de l'assassin ont procédé à l'amputation de trois doigts. Il est probable qu'une nouvelle opération sera nécessaire.

Voici maintenant, sur les antécédents, les habitudes et le physique de l'assassin Darmès, quelques renseignements résultant des enquêtes qui ont été faites.

Darmès est petit et de mauvaise mine; sa taille est un peu contournée. Son front déprimé donne à sa physionomie un aspect ignoble et bas; il porte la barbe en pointe; ses moustaches sont d'un blond jaunâtre et très-peu fournies.

Il était vêtu, au moment du crime, d'une redingote très-longue sous laquelle il avait caché sa carabine; il était en outre armé d'un poignard et de deux pistolets d'arçon chargés jusqu'à la gueule.

Interrogé sur l'usage qu'il comptait faire de ces armes, Darmès a répondu : « Je les avais prises pour me défendre. »

Heureusement, étourdi par la commotion que lui a causée l'explosion de la carabine, par la blessure qu'il a reçue, et aussi par la précipitation avec laquelle on s'est jeté sur lui, Darmès n'a eu ni assez de temps ni assez de sang-froid pour donner suite à ses projets de résistance.

Une perquisition a été faite au domicile qu'il a indiqué, rue Paradis, 44. Ce domicile consiste en un petit cabinet qu'il habitait depuis six mois environ. Avant cette époque, il demeurait rue de Trévise, 2, une maison d'où il avait été renvoyé pour inconduite.

On a trouvé rue de Paradis un grand nombre de papiers presque tous écrits de la main de Darmès; ce sont pour la plupart des copies de pamphlets et de proclamations révolutionnaires. On y a découvert notamment des copies d'un discours de Saint-Just et d'un discours destiné à réfuter les proclamations de Louis Bonaparte.

Plusieurs passeports de différentes dates ont constaté que Darmès avait été successivement domestique, portier et frotteur.

Outre ces papiers, il y en avait un grand nombre d'autres couverts de notes sur les républicains les plus fameux de l'antiquité.

Quelque temps avant de commettre son lâche attentat, Darmès était entré chez un marchand de vin, où il avait bu un verre de vin. Il s'est acheminé de là vers le quai des Tuileries, et n'avait, ainsi qu'Alibaud, choisit la place où il a exécuté son crime qu'après beaucoup de calcul et de réflexion.

(Messager du 16.)

------

L'assassin a avoué son crime, et a déclaré se nommer Marius Darmès. Il a dit être natif de Marseille, et depuis longtemps frotteur à Paris. Il était vêtu d'une longue redingote, sous laquelle il avait caché sa carabine, dont la crosse, richement ciselée, indique une arme de luxe. Il est âgé de quarante-trois ans.

Il a été fouillé, et on a trouvé sur lui deux pistolets chargés, un poignard et quelques papiers.

La carabine, qui était coupée et chargée jusqu'à la gueule, ayant crevé, la charge a fait bombe, et la voiture n'a été que très-légèrement atteinte; mais l'assassin a été grièvement blessé à la main gauche. Son arme était chargée de plusieurs balles et de chevrotines. La détonation a été très-forte.

Un des gardes nationaux à cheval de l'escorte, M. Bertolacci (du premier escadron), a été légèrement blessé à la main par une chevrotine.

Un des valets de pied, qui se trouvait sur le siége de la voiture, a été blessé à la jambe; sa blessure n'est pas grave, mais la balle n'a pu être encore trouvée dans la plaie.

Darmès a montré une excessive exaltation. Il s'écriait, au moment où il a été arrêté : « Maudite carabine! j'avais pourtant visé juste! mais je « l'avais trop chargée! »

Aux questions qui lui ont été adressées, il a d'abord répondu :

— Conspirateur.

— Quel est votre état ?

— Exterminateur de tyrans.

— Qui a pu vous pousser à un crime si horrible?

— Je ne suis pas un conspirateur exploité; j'ai suivi l'impulsion de la nature.

— Depuis combien de temps nourrissiez-vous votre projet?

— Depuis une heure. J'ai voulu délivrer la France du plus grand tyran qu'elle ait jamais eu.

Darmès est de petite taille; sa physionomie est d'un aspect sombre et farouche, son maintien indique la plus grande détermination.

Sa blessure est grave et a nécessité l'appel d'un médecin. On assure qu'il sera indispensable de faire l'amputation de plusieurs doigts. La souffrance du blessé était telle qu'il s'est évanoui pendant quelques instants.

On a remarqué qu'après avoir commis le crime, il n'a fait aucune tentative pour s'échapper, et qu'il s'est en quelque sorte offert aux soldats et aux sergents de ville qui l'ont arrêté.

A huit heures, une voiture de place a été amenée devant le corps de garde; l'assassin y est monté avec deux gardes municipaux. Un détachement de garde municipale à cheval précédait la voiture à dix pas, et une forte escorte l'accompagnait. Une foule considérable, étonnée et muette, suivait la voiture.

(Journal des Débats du 16.)

Quelques instants avant d'accomplir son attentat, Darmès avait bu un verre de vin chez un marchand de vin : c'est de là qu'il s'était acheminé vers le quai des Tuileries.

Le poste près duquel il se trouvait lorsqu'il a tiré était occupé par des grenadiers du 57<sup>e</sup> de ligne. Le soldat qui le premier l'a arrêté se nomme Enginger.

Avant de demeurer rue de Paradis, Darmès avait été portier, rue de Trévise, dans une maison d'où il avait été chassé pour inconduite. Il changeait très-fréquemment de demeure. Marié avec une femme qui avait une jeune fille, actuellement âgée de dix-sept ans, son ivrognerie et les mauvais traitements auxquels il se livrait envers elles, les força à le quitter, en février dernier, et à se retirer en province.

Plus tard, sa mère, qui était venue demeurer avec lui, fut également obligée de s'en séparer.

En dernier lieu, bien qu'exerçant le métier de frotteur, Darmès travaillait dans une échoppe du quartier Poissonnière à réparer les vieux souliers.

Depuis plusieurs semaines, il était sombre et taciturne, et il se livrait moins à son exaltation habituelle.

L'amputation qu'on lui a faite à la main gauche n'a eu aucune suite grave.

(*Moniteur parisien du 17.*)

---

Aux renseignements que nous avons publiés hier sur la personne et les antécédents de l'assassin Darmès, nous sommes en mesure d'ajouter les détails suivants :

Darmès était, en 1830, domestique frotteur chez M. le prince de Condé, d'où il fut chassé sur un soupçon de vol ; étant parvenu peu de temps après à se placer en qualité de domestique dans une maison située au Gros-Caillou, il y fit connaissance de la cuisinière et l'épousa. Cette femme avait une fille qui a maintenant de seize à dix-sept ans. Celle-ci et sa mère vinrent habiter avec Darmès, rue Hauteville ; mais elles ne purent vivre longtemps sous le même toit que lui. Violent, querelleur, adonné à l'ivrognerie, Darmès se livrait à des emportements tels que ces deux malheureuses se virent forcées de chercher ailleurs un gîte où elles fussent à l'abri de ses mauvais traitements.

Leur départ ne fit qu'irriter Darmès, qui se mit à leur poursuite et parvint enfin à découvrir leur nouveau domicile. Voyant que tant qu'elles resteraient à Paris, elles ne pourraient échapper à ses obsessions et à ses menaces, ces deux femmes prirent le parti de se réfugier en province. Elles habitent aujourd'hui une ville du département du Nord.

Nous avons dit que Darmès s'était établi avec sa femme dans la rue Hauteville. Après le départ de celle-ci, il fit venir de Nanterre, où elle demeurait, sa mère, veuve en secondes noces d'un nommé Lenoir, et exerçant la profession de garde-malade.

La veuve Lenoir, de même que la femme de Darmès, ne resta que fort peu de temps avec lui.

Darmès quitta la rue Hauteville pour aller demeurer rue de Trévise, puis rue de Paradis-Poissonnière ; antérieurement il avait habité quelque temps dans la rue Bleue.

Aux différentes professions que Darmès a successivement exercées, il faut joindre celle d'aide savetier. En effet, à différentes reprises il travailla en cette qualité dans une échoppe de la rue des Petites-Écuries, dont le maître lui confiait de vieilles chaussures à raccommoder. Habituellement Darmès travaillait peu ; ses ressources pécuniaires se ressentaient de cette paresse normale, et souvent il se vit forcé d'engager ses effets au Mont-de-Piété, et de contracter des dettes qui ne furent point acquittées.

Dans les lieux où il prenait ses repas, Darmès se faisait remarquer par une grande exaltation démagogique; il se posait comme communiste, prêchait la propagande et affichait des principes dont la dépravation et le cynisme égalaient l'absurdité.

Toutefois, depuis quelque temps, ses habitudes avaient complétement changé; d'énergumène bruyant et emporté, il était devenu sombre et taciturne.

Nous avons dit hier par erreur qu'il était placé à la gauche du poste du Lion, lorsqu'il exécuta son horrible attentat; c'est à la droite qu'il s'était posté.

L'amputation de trois doigts que Darmès a subie hier ne présente aucune gravité.

Hier, entre quatre et cinq heures du matin, un sergent du 57° de ligne, faisant une ronde de nuit dans l'intérieur du jardin des Tuileries, a trouvé sur la terrasse du bord de l'eau, à quarante pas environ de l'endroit où le crime avait été commis, et tout près de la guérite du factionnaire, la culasse de la carabine de Darmès. A cette culasse adhérait une bande du canon.

On pourra se faire une idée de la violence de l'explosion, si l'on songe qu'à cet endroit du jardin le mur est élevé de plus de vingt pieds, et que de ce mur à l'endroit où la carabine a été tirée, il y a, comme nous le disions tout à l'heure, une distance d'à peu près quarante-huit pas.

Parmi les objets trouvés sur Darmès, au moment de son arrestation, était une brochure sur la conspiration de Mallet, publiée il y a environ deux mois et dont l'auteur est un nommé Dourille.

( *Messager du 17 octobre.* )

---

Ce matin, M. Auvity, chirurgien en chef de la garde municipale, a pratiqué l'amputation du doigt index et de deux phalanges de l'annulaire à Marius Darmès.

Il avoue son crime, en fait parade, et disait au corps de garde : *Moi qui suis si sûr de mon coup d'œil, moi qui n'ai jamais manqué un lièvre à cinquante pas ; quel malheur !*

Le roi a pansé lui-même, à son arrivée à Neuilly, son valet de pied et M. Bertollacci, garde à cheval, qui était de l'escorte et qui a été légèrement blessé à la main par une chevrotine.

Une perquisition faite au domicile de Darmès a procuré la saisie des règlements d'une société de communistes, de brochures républicaines et d'un manuscrit d'une *écriture connue*.

Le nommé Allaux, ouvrier lithographe, a été arrêté sur mandat de M. Zangiacomi. Cet individu a été compromis et arrêté déjà dans l'affaire des poudres de Blanqui et dans deux procès d'association.

On a saisi aussi au domicile de Darmès son passeport et une médaille de cocher de cabriolet, à lui délivrée, mais dont il n'a jamais fait usage.

Il était employé comme homme de peine dans une maison du boulevard des Italiens, près du café Anglais. Il demeure depuis vingt ans à Paris et était fort misérable.

( Presse du 17 octobre. )

---

Aujourd'hui, depuis le matin jusqu'au soir, le lieu où a été commis l'attentat sur la personne du roi a été encombré d'une foule immense qui, non satisfaite des récits des journaux, assiégeait, pour en connaître plus long, le corps-de-garde où avait été recueilli l'assassin.

La personne qui la première a arrêté Marius *Dornais* (noms cités sur le procès-verbal), est un grenadier, nommé Enginger, appartenant au 57° de ligne, qui bientôt fut secondé par tout le poste.

Le poteau en bois de chêne, derrière lequel l'assassin s'était caché, est fort endommagé; un éclat très-large et très-profond a été emporté; les traces qui existent dans cette partie font voir que le coup a été tiré horizontalement, et que les balles ont dû passer bien au-dessus de la voiture. Marius Darmès, sur quelques observations qui lui étaient faites par le sergent du poste, M. Duprade, occupé à lui panser ses blessures, répondit : « Puisque les Anglais brûlent de la poudre contre nous, il fallait bien en brûler contre celui qui ne veut pas leur en demander raison. » Outre les deux pistolets et le poignard dont on l'a trouvé possesseur, il a été trouvé dans ses poches une bourse avec fort peu d'argent dedans, et un journal, *le Siècle*.

Par suite de cette affaire, on racontait ce matin devant le poste du Lion, place de la Concorde, que des visites domiciliaires avaient déjà eu lieu chez plusieurs personnes soupçonnées de faire partie de quelque société secrète; mais on ne disait rien de leur résultat.

( Droit du 18 octobre )

Plusieurs arrestations ont été faites aujourd'hui relativement à la tentative d'assassinat contre la personne du roi. Nous nous abstenons de citer aucun nom, car la prévention qui pèse sur chacun de ceux qui se trouvent dans ce cas résulte de soupçons et d'indications qui peuvent se trouver détruites par suite de l'instruction.

Darmès, malgré les souffrances que lui a fait endurer l'amputation des deux doigts, affecte toujours un grand stoïcisme ; c'est comme Meunier, mais avec plus d'énergie, une espèce d'Érostrate au petit pied, qu'une triste et odieuse exaltation a rendu avide de célébrité, et qui a voulu se faire un nom par un grand crime, même au sacrifice de sa vie. « Je n'en veux qu'à Louis-Philippe, parce que c'est un tyran, dit-il dans un de ses interrogatoires, et si c'eût été le duc d'Orléans, je n'aurais pas tiré. » Il persiste à dire qu'il n'a été conseillé par personne.

*( Droit du 18 octobre.)*

# COUR DES PAIRS.

### SÉANCE DU 17 OCTOBRE 1840.

A deux heures et demie, l'audience est ouverte dans l'ancienne salle.

M. le garde des sceaux, qui est seul au banc des ministres, monte au fauteuil et remet à M. le président l'ordonnance de convocation de la Cour.

M. LE PRÉSIDENT. M. le garde des sceaux me remet l'ordonnance suivante, dont je vais donner lecture.

M. le président donne lecture d'une ordonnance royale ainsi conçue.

#### ORDONNANCE DU ROI.

« Louis-Philippe, roi des Français,

« A tous présents et à venir, salut,

« Sur le rapport de notre garde des sceaux, ministre secrétaire d'État au département de la justice et des cultes ;

« Vu l'article 28 de la Charte constitutionnelle, qui attribue à la Chambre des pairs la connaissance des crimes de haute trahison et des attentats à la sûreté de l'État ;

« Vu l'article 86 du Code pénal, qui met au nombre des crimes contre la sûreté de l'État l'attentat contre la vie du roi ;

« Attendu que dans la journée du 15 octobre un attentat a été commis contre notre personne ;

« Nous avons ordonné et ordonnons ce qui suit :

« Art. 1er. La Cour des pairs est convoquée.

« Les pairs absents de Paris seront tenus de s'y rendre immédiatement, à moins qu'ils ne justifient d'un empêchement légitime.

« Art. 2. Cette Cour procédera sans délai au jugement de l'attentat commis le 15 octobre.

« Art. 5. Elle se conformera, pour l'instruction, aux formes qui ont été suivies par elle jusqu'à ce jour.

« Art. 4. Le sieur Franck-Carré, notre procureur général près la Cour royale de Paris, remplira les fonctions de notre procureur général près la Cour des pairs.

« Il sera assisté du sieur Boucly, avocat général près la Cour royale de Paris, faisant les fonctions d'avocat général, et chargé de remplacer le procureur général en son absence, et des sieurs Nouguier et Glandaz, substituts de notre procureur général près la Cour royale de Paris, faisant les fonctions de substituts de notre procureur général, lesquels composeront, avec lui, le parquet près notre Cour des pairs.

« Art. 5. Notre garde des sceaux, ministre secrétaire d'État au département de la justice et des cultes, est chargé de l'exécution de la présente ordonnance, qui sera insérée au *Bulletin des Lois*.

« Donné au palais de Saint-Cloud, le 16 octobre 1840.

« LOUIS-PHILIPPE.

*« Le garde des sceaux, ministre secrétaire d'État au département de la justice et des cultes.*

« VIVIEN. »

La chambre donne acte à M. le garde des sceaux de la présentation de cette ordonnance ; elle en ordonne le dépôt dans ses archives.

M. LE PRÉSIDENT. Je propose à la Chambre d'agir comme elle l'a fait jusqu'à présent, c'est-à-dire de se constituer à l'instant même en Cour de justice. Il n'y a point de réclamations ? (Non ! non !) La Chambre va se constituer ; les tribunes vont être évacuées.

L'audience publique est levée.

M. Franck-Carré, procureur général, MM. Boucly, avocat général, Nouguier et Glandaz, substituts, sont introduits.

M. le procureur général présente un réquisitoire tendant à ce que la Cour rende un arrêt qui chargerait M. le chancelier de procéder à l'instruction et l'autoriserait à s'adjoindre tels pairs qu'il lui plairait désigner.

M. le procureur général lit et dépose sur le bureau de la Cour un réquisitoire par lequel il requiert que la Cour ordonne qu'il soit procédé à l'instruction du crime qui lui est déféré.

M. le procureur général et son substitut se retirent.

La Cour, n'étant pas en nombre suffisant pour délibérer, s'est ajournée à lundi pour statuer sur les réquisitions de M. le procureur général.

---

Le 19 octobre, la Cour des pairs s'est réunie en séance secrète, sous la présidence de M. le chancelier, à l'effet de statuer sur les réquisitions déposées par M. le procureur général sur le bureau de la Cour, dans la séance d'avant-hier.

L'appel nominal a constaté la présence de cent douze pairs.

La Cour a rendu l'arrêt dont la teneur suit.

### ARRÊT.

Vu l'ordonnance en date du 16 de ce mois ;

Vu l'article 28 de la Charte constitutionnelle ;

Ouï le procureur général du roi en ses dires et réquisitions, et après en avoir délibéré,

Donne acte audit procureur général du dépôt par lui fait sur le bureau de la Cour d'un réquisitoire renfermant plainte contre l'auteur et les complices de l'attentat contre la personne du roi, commis dans la journée du 15 de ce mois ;

Ordonne que, par M. le président de la Cour et par tel de MM. les pairs qu'il lui plaira commettre pour l'assister et le remplacer en cas d'empêchement, il sera sur-le-champ procédé à l'instruction du procès, pour, ladite instruction faite et rapportée, être par le procureur général requis et par la Cour ordonné ce qu'il appartiendra.

Ordonne que, dans le cours de ladite instruction, les fonctions attribuées à la chambre du conseil par l'article 128 du Code d'instruction criminelle, seront remplies par M. le président de la Cour, celui de MM. les pairs commis pour faire le rapport, et MM. le comte de Saint-Priest, le comte de Bondy, le comte Philippe de Ségur, le baron de Fréville, le vicomte Pernety, de Ricard, Humann, le marquis de Cambis d'Orsan, le vicomte de Jessaint, Étienne, Vionnet, le comte Serrurier, que la Cour commet à cet effet, lesquels se conformeront d'ailleurs, pour le mode de procéder, aux dispositions du Code d'instruction criminelle, et ne pourront délibérer s'ils ne sont au nombre de sept au moins;

Ordonne que les pièces à conviction, ainsi que les procédures et actes d'instruction déjà faits, seront apportés sans délai au greffe de la Cour;

Ordonne pareillement que les citations, ou autres actes du ministère d'huissier, seront faits par les huissiers de la Chambre;

Ordonne que le présent arrêt sera exécuté à la diligence du procureur général du roi.

Fait et délibéré à Paris, le dix-neuf octobre mil huit cent quarante, en la chambre du conseil.

Ont signé l'arrêt :

MM. le chancelier, président, le duc de Broglie, le maréchal duc de Reggio, le comte Lemercier, le duc de Castries, le comte Molé, le comte Ricard, le comte de Noé, le comte de la Roche-Aymon, le duc de Massa, le duc Decazes, le comte d'Argout, le comte Raymond de Bérenger, le comte Claparède, le comte Mollien, le comte de Pontécoulant, le comte de Germiny, le baron Dubreton, le comte de Bastard, le marquis de Pange, le duc de Praslin, le comte Siméon, le comte Saint-Priest, le maréchal comte Molitor, le comte Dejean, le comte de Richebourg, le vicomte Dode, le comte du Cayla, le comte Cholet, le comte Lanjuinais, le marquis de Lauriston, le marquis de Brézé, le comte de Bondy, le comte de Cossac, le baron Davillier, le comte Gilbert Desvoisins, le comte d'Anthouard, le comte Excelmans, le vice-amiral comte Jacob, le comte Pajol, le comte Perregaux, le baron de Lascours, le comte Roguet, le comte de la Rochefoucauld, le baron Girod (de l'Ain), le baron Athalin, Besson, le président Boyer, le comte Dutaillis, le duc de Fezensac, le baron de Fréville, Gautier, le comte Heudelet, le baron Malouet, le comte de Montguyon, Villemain, le baron Zangiacomi, le comte Bérenger, le baron Berthezène, le comte de Colbert, le comte de la Grange, le comte Daru, le comte Baudrand, le baron Neigre, le maréchal comte Gérard, le baron Duval, le comte de Beaumont, le baron Brayer, Barthe, le comte de Gasparin, de Cambacérès, le baron Feutrier, le baron Fréteau de Pény, le marquis de la Moussaye, le vicomte Pernety, de Ricard, le comte de Saint-Aignan, le vicomte Siméon, le comte de Rambuteau, de Bellemare, le comte de Monthion, le baron Darriule, le baron Delort, le baron Dupin, le comte Durosnel, Humann, Kératry, le

vice-amiral Halgan , Mérilhou , Odier, le baron Pelet , Périer, le bar
Petit, le chevalier Tarbé de Vauxclairs , le vicomte de Villiers du Te
rage , le vice-amiral Willaumez, le baron de Gérando, le marquis
Cambis d'Orsan, le baron de Saint-Didier, Maillard, Anbert, le marqu
de Boissy, le vicomte Borelli, le vicomte Cavaignac, Cordier, Étienn
Lebrun, le marquis de Lusignan, Persil, Rossi, le comte Serrurier, le d
de Brancas, le comte de Montalivet.

En exécution de l'arrêt qui précède, M. le chancelier a délégué po
l'assister dans l'instruction, MM. le duc Decazes, le comte de Bastar
Barthe, le baron Girod (de l'Ain), Mérilhou et Persil.

## EXTRAITS DES JOURNAUX SUR L'INSTRUCTION.

L'enquête commencée contre Darmès se poursuit avec activité. Au
jourd'hui un grand nombre de témoins ont été entendus, et déjà la ju
tice est sur la trace de tous les antécédents du coupable.

Darmès était en 1830 domestique-frotteur chez le prince de Condé
d'où il fut chassé sur un soupçon de vol. Quelque temps après il s
plaça en qualité de domestique dans une maison située au Gros-Cail
lou, il y fit connaissance de la cuisinière et l'épousa. Cette femme avai
une fille qui a maintenant de seize à dix-sept ans. Celle-ci et sa mèr
vinrent habiter avec Darmès rue Hauteville ; mais elles ne purent vivr
longtemps sous le même toit que lui. Violent, querelleur, adonné à l'i
vrognerie, Darmès se livrait à des emportements tels que ces deux mal
heureuses femmes se virent forcées de chercher ailleurs un refuge o
elles fussent à l'abri de ses mauvais traitements.

Leur départ ne fit qu'irriter Darmès qui se mit à leur poursuite c
parvint enfin à découvrir leur nouveau domicile. Voyant que tan
qu'elles resteraient à Paris elles ne pourraient échapper à ses obsession
et à ses menaces, ces deux femmes prirent le parti de se réfugier eu
province. Elles habitent aujourd'hui une ville du département du Nord.

Nous avons dit que Darmès s'était établi avec sa femme dans la rue
Hauteville. Après le départ de celle-ci, il fit venir de Nanterre, où elle
demeurait, sa mère, veuve en secondes noces d'un nommé Lenoir, et
exerçant la profession de garde-malade.

La veuve Lenoir, de même que la femme de Darmès, ne resta que fort peu de temps avec lui.

Darmès quitta la rue Hauteville pour aller demeurer rue de Trévise, puis rue de Paradis-Poissonnière ; antérieurement il avait habité quelque temps dans la rue Bleue.

Aux différentes professions que Darmès a successivement exercées, il faut joindre celle de savetier. En effet, à différentes reprises il travailla en cette qualité dans une échoppe de la rue des Petites-Écuries, dont le maître lui confiait de vieilles chaussures à raccommoder. Habituellement, Darmès travaillait peu. Ses ressources pécuniaires se ressentaient de cette paresse normale, et souvent il se vit forcé d'engager ses effets au Mont-de-Piété, et de contracter des dettes, qui ne furent point acquittées.

Dans les lieux où il prenait ses repas Darmès se faisait remarquer par une grande exaltation démagogique ; il se posait comme communiste, prêchait la propagande et affichait des principes dont la dépravation et le cynisme égalaient l'absurdité.

Toutefois depuis quelque temps ses habitudes avaient complétement changé ; d'énergumène, bruyant et emporté, il était devenu sombre et taciturne.

Parmi les objets trouvés sur Darmès au moment de son arrestation, était une brochure sur la *conspiration de Mallet*, publiée il y a environ deux mois.

L'amputation subie hier par Darmès n'a déterminé aucun accident, et l'on pense que la cicatrisation sera prompte et facile.

En entrant dans le caoanon qui lui était destiné à la Conciergerie, il a demandé si c'était là la chambre du *citoyen Alibaud*.

Darmès persiste toujours dans les premières déclarations qu'il a faites : il dit qu'il n'a pas de complice, qu'il voulait sauver la France ; il parle tour à tour avec exaltation de la Pologne, de l'Italie : « Si j'avais réussi, dit-il, elles eussent été sauvées.... Soliman-Pacha eût été délivré..... »

Aujourd'hui, après des déclamations violentes contre ce qu'il appelle les *mangeurs de biscuit* du château, il a paru plus calme, et bientôt des larmes ont coulé de ses yeux.

Mais soit qu'un exécrable orgueil l'eût fait reculer devant l'aveu d'un remords, soit qu'en effet l'assassin cédât encore à un besoin de haine et de vengeance, il releva la tête pour exprimer de nouveau son regret de n'avoir pu consommer son crime.

Par suite des déclarations faites sur les relations politiques que p
vait avoir Darmès, des perquisitions ont été opérées dans plusieurs
droits et ont amené, dit-on, d'importantes découvertes.

On a trouvé hier sur la terrasse du bord de l'eau, à quarante pas
lieu où le crime a été commis, une partie de la culasse de la carabi
A cette culasse adhérait encore une bande du canon.

L'état de M. Bertolacci, garde national, et du valet de pied G
n'offre aucune gravité.

(Gazette des Tribunaux du 18.)

---

L'instruction suivie contre Darmès a déjà, dit-on, produit quelq
résultats.

Darmès, au moment du crime, était dans un dénûment extrên
l'avant-veille il était resté près de vingt-quatre heures sans manger,
pressé par le besoin, il avait remis à un marchand de vin, chez leq
il allait quelquefois, une reconnaissance du Mont-de-Piété, sur laque
celui-ci lui prêta 10 francs.

On a retrouvé le commissionnaire qui avait fait son déménageme
et celui-ci a déclaré qu'il ne se trouvait point d'armes parmi les obj
qu'il a transportés. Toutes les personnes qui allaient le voir atteste
de leur côté, qu'elles ne lui en ont jamais vu; d'autres, qui habitent
maison, ont vu Darmès aller et venir jusqu'à midi le jour du crime,
elles sont assurées que, jusqu'à ce moment, il n'avait aucune arme s
lui.

Darmès, dans les cabarets du voisinage qu'il fréquentait, se posait
orateur, et parlait politique en des termes tels, que plusieurs fois il s'e
fait mettre à la porte de ces établissements.

Parmi les personnes arrêtées à la suite de l'attentat, on cite
homme établi sur lequel pesaient deux circonstances qui ont pu paraît
graves; une première fois, il s'est trouvé en relation avec Alibau
auquel il avait procuré un petit emploi; et en second lieu, il s'e
trouvé avoir aussi quelques rapports avec Darmès. Néanmoins, to
concourt à prouver jusqu'à présent qu'il a été étranger à ces deux crime

Un frotteur a été arrêté aussi dans la journée d'hier, à cause d'u
propos qu'il aurait tenu; il aurait dit à un de ses camarades, la veille
crime, que « le lendemain il devait se faire un fameux coup. »

(Droit du 22.)

---

L'instruction relative à l'attentat du 15 octobre se poursuit avec activité. Ainsi que nous le disions avant-hier, plusieurs arrestations importantes ont déjà eu lieu.

Parmi les individus arrêtés, il en est un que sa liaison intime avec Darmès, ses mauvais antécédents et l'exaltation furibonde de ses opinions rendaient particulièrement suspect. Objet depuis quelques jours d'une surveillance toute spéciale, il n'a pas tardé à justifier les soupçons qui planaient sur son compte.

Une visite domiciliaire faite à son domicile a amené la découverte d'environ deux mille cartouches, de sept kilogrammes de poudre et d'une assez grande quantité de plomb.

(Messager du 22.)

Il paraît que ce qui fait penser aux commissaires instructeurs que Darmès a des complices, c'est que dans ses interrogatoires, il dit presque toujours : *Nous avons* fait, *nous avons* dit, au lieu de *j'ai* fait, *j'ai* dit.

(Commerce du 22.)

On assure que la carabine avec laquelle Darmès a tiré sur le roi lui a été vendue, moyennant la modique somme de 7 fr. 50 cent., par un marchand de bric-à-brac, demeurant dans le quartier de la Bourse. Celui-ci l'aurait lui-même achetée dans une vente publique pour le prix de 4 francs.

La blessure de Darmès est en voie de guérison. L'instruction commencée par la commission de la Chambre des pairs se poursuit activement. Par suite de cette instruction, plusieurs arrestations ont été faites.

Le *Times* publie, d'après une correspondance de Paris, les renseignements qu'on va lire :

« Il paraît certain que Darmès n'est pas le seul coupable comme il le soutient, et que la pensée et l'exécution de son projet ne doivent pas être attribuées à lui seul. Un témoin a déclaré formellement qu'avant le passage de la voiture du roi, il avait vu deux hommes près du poteau du réverbère contigu au poste. Darmès était l'un de ces hommes, l'autre s'est enfui immédiatement après l'explosion dans la direction des Champs-Élysées. La police a découvert une autre circonstance de laquelle il résulte que l'assassin avait un complice. Le portier de la maison qu'il habitait et deux autres témoins l'ont vu vers quatre heures de l'après-midi du 15, sa redingote n'était pas boutonnée, il n'avait pas ni ne pouvait avoir une carabine cachée sous ce vêtement ; en conséquence, en se rendant à la place de la Concorde, il a dû aller quelque part prendre l'arme avec laquelle il voulait tuer le roi. Un de ses camarades, qui a logé avec lui, a déclaré qu'il avait vu dans la chambre de Darmès un fusil ou une carabine dans sa malle. Il lui avait demandé ce qu'il en voulait faire. Darmès lui aurait alors répondu que l'on ne savait pas ce qui pouvait arriver, et qu'il voulait être prêt à tout. On est certain que depuis longtemps Darmès méditait son crime.

« Un homme qui a mangé quelque temps au même restaurant que lui, lui a entendu dire, au mois de janvier dernier, qu'il faisait partie d'une société secrète qui avait juré de tuer le roi. Darmès avait appartenu à la Société des Saisons ; mais il avait des idées plus avancées que celles de Barbès et de Blanqui. Après la condamnation de ces chefs, la société a été dissoute, et il s'en est formé deux nouvelles sous le nom de Communistes et Travailleurs. Plusieurs papiers trouvés dans la chambre de Darmès, et écrits par lui, expliquent les doctrines de la première de ces sociétés, dont il était l'un des membres les plus actifs. Suivant les statuts de cette société, l'homme moral ne doit pas avoir moins de douze vertus : on ne les cite pas. On reconnaît l'existence de différences intellectuelles entre les hommes. Leur nouvel ordre de choses tendait à les harmoniser. Pas de distinction pour les propriétés ; tout doit être commun ; en un mot, ces hommes laissent bien loin derrière eux Owen et tous les autres utopistes.

« Darmès est très-ambitieux, surtout de réputation. Il voudrait que son nom passât à la postérité. Il met Alibaud au-dessus de tout. C'est lui qu'il a choisi pour modèle. Mais des personnes qui l'ont approché lui trouvent moins de fanatisme que n'en avait Alibaud. Il a le caractère vaniteux de Fieschi. Il n'est devenu qu'accidentellement démagogue ; n'ayant pu obtenir une place dans la maison du duc d'Orléans à l'époque de son mariage, ni dans celle du roi, il a voué depuis une haine ardente à la famille d'Orléans. On a découvert que Darmès est membre d'une société composée de vingt individus ; tous se sont voués au régicide. Dans la matinée du jour de l'attentat, on avait tiré au sort, et l'individu désigné ne s'étant pas senti le courage nécessaire, le nom de Darmès avait été alors désigné par le sort. C'est à midi seulement qu'il l'a su, et la carabine lui a été remise toute chargée.

# COUR DES PAIRS.

## SÉANCE DU LUNDI 10 MAI 1841.

### RAPPORT DE M. GIROD (DE L'AIN) (1).

**MESSIEURS,**

L'instruction relative à l'attentat de mai 1839 vous avait signalé les manœuvres des factions anarchistes depuis les journées d'avril 1834 ; le rapport si remarquable de votre commission vous avait révélé non-seulement l'appel aux armes pour le renversement du gouvernement, et la subversion de l'ordre social, mais surtout la provocation ouverte à l'assassinat du roi, du roi, justement considéré par les factieux comme le plus invincible obstacle à leurs projets. Vous aviez entendu ces passages du *Moniteur républicain* : « Louis-Philippe est la clef de la voûte de « l'état anti-social où se trouve la France : c'est donc à lui que nous « devons nous attaquer. Une fois jeté à bas, tout l'édifice croule avec « lui... Ainsi, notre principale tâche sera d'attaquer Louis-Philippe ; les « gens de sa race, les gens de sa suite viendront après... Ce serait en- « core risquer la partie que l'entamer autrement qu'en frappant de « grands coups ; et, puisqu'il faut nous expliquer, nous ne concevons « rien de possible, si l'on ne commence par attaquer la tête de la tyran-

(1) Plusieurs passages de ce rapport devant se reproduire dans les débats, nous nous abstiendrons de les donner ici.

5

« nie, en d'autres termes, par tuer Louis-Philippe et les siens. » Et dans le 6e numéro de mai 1838 : « Il est prématuré de s'occuper à
« bien discipliner les rangs démocratiques, de préparer les armes et
« les munitions pour le combat... Il n'y a qu'un seul moyen d'en finir
« promptement et économiquement avec la tyrannie, c'est d'abattre la
« tête du tyran... Nous invitons en conséquence tous les républicains...
« à ne prendre conseil que de leur courage, et surtout de la prudence,
« et à courir sus, sans perdre un seul moment, contre Louis-Philippe
« et ceux de sa race. »

Ces atroces provocations n'étaient point oubliées ; elles devenaient plus alarmantes au moment où de graves conjonctures agitaient les esprits, où déjà de coupables démonstrations se mêlaient à la vive expression du patriotisme, où l'on voyait un grand nombre de publications séditieuses vendues à vil prix, distribuées gratuitement dans les classes les plus exposées à se laisser égarer ; en un mot, où des excitations de toute nature étaient adressées aux intérêts abusés, à toutes les passions mauvaises. Cependant on espérait encore que l'énergique manifestation du sentiment national, les actes d'une généreuse clémence, le découragement produit par tant de vaines tentatives, avaient désarmé les assassins, lorsqu'un nouvel attentat contre la vie du roi est venu frapper la France de douleur et d'effroi.

Le 15 octobre dernier, vers six heures du soir, le roi retournait de Paris à Saint-Cloud ; dans sa voiture se trouvaient la reine et S. A. R. madame Adélaïde, augustes princesses à qui la Providence a ménagé de cruelles épreuves et de grandes consolations ! La voiture du roi, suivant le quai des Tuileries, était arrivée au poste du Lion, à l'angle de la terrasse ; les hommes de garde étaient en bataille devant le poste, et le roi s'inclinait pour saluer, lorsqu'une forte détonation se fit entendre. Elle provenait d'un coup de feu tiré de derrière le poteau d'éclairage, et évidemment dirigé sur le roi. Bien heureusement personne ne fut atteint dans la voiture ; des projectiles touchèrent les ressorts et les roues et blessèrent légèrement les valets de pied Grusse et Jehl, montés derrière, ainsi que le garde national à cheval Bertolacci, placé à la portière droite. Le tailleur de pierres Fialon, travaillant près du pont de la Concorde, fut renversé par la chute de sa scie qu'une balle avait frappée dans la traverse supérieure. Sur l'ordre du roi, les voitures se remirent immédiatement en marche.

A la place d'où le coup venait de partir, était resté, immobile et comme stupéfié, un homme dont la main gauche était fracassée, dont le sang coulait en abondance. Le grenadier Enginger, le voyant, lui demande si c'est lui qui a tiré sur le roi. Il répond : « Oui, mon citoyen ; « que me veux-tu? » Enginger l'arrête. Le sergent Duprat le fait entrer au corps de garde, où l'on trouve sur lui deux pistolets chargés à balles et garnis de leurs capsules, un poignard, une brochure intitulée : *Histoire de la conspiration du général Mallet*, par Dourille ; un manuscrit portant ce titre : *Sur les devoirs de l'homme vraiment moral ;* trois clefs, une somme de trois francs soixante-dix centimes et trois liards. L'arme dont il s'était servi était une carabine, cassée à la poignée, et dont le canon avait éclaté par suite, dit l'expert, du grand nombre de projectiles placés au-dessus de la charge de poudre. Les débris ont été retrouvés plus tard dans les fossés de la place, sur la place même et à une assez grande distance. On remarquait, sur le poteau d'éclairage, une entaille triangulaire, de plusieurs centimètres sur chaque face, produite par l'effet du coup.

L'exaltation de l'homme arrêté était extrême. « Il exprimait haute- « ment le regret d'avoir manqué son coup et de ne pas avoir tué le roi... « Il disait avec fureur : Je le tenais cependant bien ; j'étais bien sûr de « mon coup, et si ma carabine ne s'était pas brisée!....... Il disait que « ses pistolets étaient destinés à tuer ceux qui l'auraient arrêté. » Le sergent de ville Lemaire, qui dépose de ces propos, ajoute : « J'ai re- « marqué que cet homme exhalait l'odeur des liqueurs spiritueuses. »

Sur le premier avis qui lui fut donné, M. le préfet de police se rendit immédiatement au poste où se trouvait encore l'homme arrêté, et il l'interrogea. La question : « Quels sont vos noms, âge, profession?» reçut pour réponse : « Je m'appelle *Darmès* (Marius-Edmond), né à Marseille, « quarante-trois ans, conspirateur ; je suis à Paris depuis trente ans. » Darmès refusa de faire connaître son domicile, que bientôt après il indiqua, rue de Paradis-Poissonnière, n° 44. Il déclara que son intention avait été « de tirer sur le plus grand des tyrans, » et qu'il s'était servi d'une carabine. Il reconnut pour lui appartenir les armes et les objets pris sur lui ; il nia son affiliation à des sociétés secrètes, et dit « qu'il « n'était pas un fanatique exploité, et que la nature seule agissait en « lui. »

Interrogé par M. le procureur du roi, Darmès répéta ses déclarations.

Le jour même, et les jours suivants, des perquisitions furent faites dans la petite chambre que Darmès occupait rue de Paradis-Poissonnière, et où tout présentait l'aspect de la misère. On y saisit, entre autres objets : 1° un paquet de balles et lingots de plomb, de la poudre de chasse, une cartouche de munition à balle, et une boîte de capsules ; 2° deux médailles de cocher de place et remise, à lui délivrées ; 3° un tableau représentant *Lycurgue* blessé dans une sédition : derrière ce tableau se trouve l'inscription suivante, qui paraît avoir été écrite par Darmès : « *A Darmès, Marius-Edmond, ce 10 juin 1840, anniversaire* « *de la mort d'un brave ;* » 4° enfin, un grand nombre de pièces imprimées et manuscrites, sur lesquelles nous reviendrons plus tard, et qui, malgré les dénégations de Darmès, semblaient prouver son affiliation à la société secrète des *Communistes ;* on y trouva aussi un imprimé portant le titre de : *Pétition de la garde nationale de Paris pour la réforme électorale, municipale, départementale et parlementaire.*

Le 19 octobre M. le chancelier interrogea Darmès, qui se reconnut coupable de l'attentat, et dit qu'il ne l'avait médité qu'une heure auparavant ; que la force des choses, la nature, sa conviction, l'avaient poussé ; qu'il n'en éprouvait aucun regret. Il prétendit qu'il possédait depuis longtemps la carabine dont il s'était servi, refusa de préciser ce temps et de déclarer où il l'avait achetée. Quant aux pistolets et au poignard trouvés sur lui, il répondit, après hésitation, qu'il les avait déjà lorsqu'il acheta la carabine.

L'état de Darmès, dont la blessure avait exigé l'amputation complète de l'*index* et celle des deux dernières phalanges des troisième et quatrième doigts de la main gauche, ne permit pas de prolonger cet interrogatoire. En attendant qu'il pût en subir d'autres, on dut s'occuper de recueillir tous les renseignements propres à le faire bien connaître et à procurer la découverte de ses complices, dont l'existence n'était déjà que trop probable. Voici quels furent ces premiers résultats de l'instruction.

Edmond (ou Ennemond) Marius Darmès est né à Marseille, le 5 pluviôse an v (4 février 1797) ; son père était tailleur d'habits dans cette ville, où il est mort, à l'Hôtel-Dieu, en 1830. Sa mère, remariée à un sieur Schwartz (ou Lenoir), a perdu son second mari ; elle est âgée de soixante et dix ans, habite Paris, et a peine à vivre de son travail.

Darmès, venu à Paris il y a environ trente ans, a servi successivement dans plusieurs maisons. En 1829, il épousa une fille Lefebvre, avec laquelle il entra, en 1831, au service de M. et madame Joly ; ils en sortirent, après la mort de leurs maîtres, en 1834. Pendant leur séjour dans cette maison, Darmès s'empara d'une somme de 6,000 francs appartenant à sa femme, et la perdit à des jeux de bourse.

De la fin de 1834 au mois d'octobre 1838, Darmès et sa femme ont été portiers d'une maison, rue du Faubourg-Poissonnière, n° 35, appartenant à la dame Petit. En 1858, la séparation des deux époux les força de quitter cette place. La femme Darmès, justement mécontente de la perte de son argent, était en outre effrayée des opinions de son mari. Tous les témoins qui ont eu alors des relations avec lui attestent, en effet, que depuis 1856 son exaltation avait toujours été croissant. M. Joly fils lui avait conservé de l'intérêt et l'employait souvent à son service, mais il fut obligé de le renvoyer en mai 1840, « parce que, dit-« il, les opinions politiques de Darmès se manifestèrent d'une manière « tellement exagérée, que toutes les personnes de la maison finirent « par s'en plaindre, et qu'il me devint impossible de les tolérer... Son « républicanisme était effrayant, il m'inspirait quelquefois des craintes « sérieuses ; mais jamais il n'a manifesté devant moi la pensée d'un « attentat. Il voulait la loi agraire et toutes les conséquences d'un par-« tage égal entre les citoyens... A la fin de 1859, il m'avait dit qu'il « fréquentait l'église française. »

Le sieur L'Hoste, chef d'institution à Montmartre, a déclaré : « J'ai « eu pour frotteur, pendant deux ans, le nommé Darmès...; j'ai re-« marqué qu'il avait des opinions démagogiques très-exaltées.

« A l'époque d'un banquet qui eut lieu à Belleville, il parlait sou-« vent des communistes et d'un pamphlet ayant pour titre : *Ni châ-« teaux ni chaumières*. Il disait à cette occasion : « Nous avons adopté « un nouveau mode de faire de la propagande, c'est de parler aux « vieilles femmes de Jésus-Christ; aux ouvriers, de leur exploitation « par les maîtres ; aux pauvres, de la dureté des riches ; enfin, à chacun « de manière à flatter leurs passions. »

La mère de Darmès avait recueilli de la succession de son second mari une somme de 5,000 francs, et s'était retirée à Puteaux ; son fils venait la voir quelquefois ; il la traitait avec dureté : il se fit remettre une procuration pour toucher cet argent, et il le dissipa. Ce fut alors que cette malheureuse femme, privée de toute ressource, vint partager le logement de son fils, rue Hauteville, n. 61. Darmès, presque toujours ivre, rentrant tard, découchant quelquefois, laissait sa mère manquer du nécessaire ; elle fut enfin obligée de le quitter pour chercher à vivre de son travail.

En juillet 1859, Darmès loua une petite chambre au sixième étage, rue de Trévise, n. 2. Il en fut bientôt renvoyé, « à raison, disent les « témoins, de sa conduite obscène et du scandale qu'il causait dans la « maison. » Enfin au moment de l'attentat, il occupait, depuis le mois de mars 1840, rue de Paradis-Poissonnière, n. 41, un réduit à peine habitable.

La violence des opinions de Darmès, l'irrégularité de sa vie, lui avaient fait fermer presque toutes les maisons où il était employé comme frotteur. Il faut dire aussi que des soupçons d'infidélité s'étaient élevés contre lui, et qu'au moins, à l'égard d'une soustraction commise au préjudice de M. Chatry-Lafosse, l'instruction semblerait justifier ces soupçons, dont nous ne vous parlons toutefois que pour ne négliger aucun des renseignements recueillis sur Darmès. Vers la fin de septembre 1840, Darmès n'avait guère que la pratique d'une compagnie d'assurance, boulevard des Italiens, n. 9. Il gagnait de 20 à 50 francs par mois, et il avait des dettes. Il était arrivé à être obligé de demander à un pauvre savetier, nommé Fassola, de lui apprendre son métier. Le 15 octobre, Darmès n'ayant pas mangé, Fassola lui prêta quelque argent dont il employa sur-le-champ une partie à acheter des aliments, et dont le reste a été trouvé sur lui au moment de son arrestation.

Darmès, ardent à épier toutes les occasions de troubles, ne manqua pas de se mêler aux rassemblements d'ouvriers qui se formèrent en septembre 1840. Le témoin Bickel, menuisier, dit, en parlant de lui : « Dans les rassemblements des ouvriers mécaniciens qui eurent lieu « dans la plaine de Bondy, je fus étonné d'y rencontrer cet individu « que je savais frotteur de son état, et qui n'avait rien à démêler avec « nous. Je le lui témoignai, et il me dit qu'il était là à sa place. » Il avait été saisi au domicile de Darmès une espèce de discours rempli des plus violentes déclamations contre *les exploiteurs de l'espèce humaine,* contre la monarchie, et adressé aux soldats chargés de surveiller les ouvriers réunis dans la plaine ; Darmès est convenu l'avoir écrit et prononcé dans la plaine même.

Lors du premier interrogatoire que lui fit subir M. le chancelier, Darmès assurait « qu'il n'avait médité son crime qu'une heure auparavant ; » mais il est résulté de l'instruction qu'il en avait conçu depuis longtemps la funeste pensée.

M. le rapporteur cite ici plusieurs pièces et les dépositions des témoins Pagès, Bickel, Grébin et Vigneron, à l'appui de cette assertion.

Il paraîtrait donc que Darmès depuis longtemps préméditait son crime. En avait-il seul formé le projet ? En a-t-il seul préparé et tenté l'exécution ? Les résultats de l'instruction vont vous l'apprendre.

M. le rapporteur donne encore à l'appui de cette opinion les dépositions des témoins Kisler, Frick, Paquelin, Devaux, Cauderan, Fagard, Féliza, Gauthier, Pascal, Magistrel, Saint-Gaudiens.

Pour arriver à la découverte des complices dont l'existence était ainsi révélée par l'instruction, l'un de nos premiers soins a dû être de nous enquérir de l'origine de la carabine dont s'était servi Darmès, de celle des autres armes saisies sur lui, et de l'emploi de son temps dans la journée du 15 octobre et dans les jours précédents.

Après avoir examiné la valeur des réponses de Darmès sur l'origine de la carabine et des autres armes, M. le rapporteur continue ainsi :

Quelle que soit l'obscurité qui règne encore sur cette partie des faits, il semble établi que Darmès a mis tous ses soins à dissimuler la vérité relativement à l'origine de ses armes ; que la carabine dont il s'est servi ne peut être ni celle dont il a parlé aux témoins Ballefin et Tournier, ni l'espingole que Benoît aurait vue dans sa malle, ni l'arme que Capet lui aurait vendue. Nous allons examiner s'il n'est pas également établi que ce n'est pas dans sa propre chambre que, le 15 octobre, Darmès a pris cette carabine pour aller commettre l'attentat.

Aux interpellations qui lui ont été adressées sur l'emploi de son temps dans les journées des 14 et 15 octobre, Darmès a répondu : « Le « 14, après avoir quitté mon ouvrage, je suis rentré dans ma cham- « bre ; j'en suis sorti, vers midi, pour aller place de la Concorde : là, « j'ai observé l'emplacement et le point de mire où je devais agir... « J'étais seul. Le 15 octobre, j'ai travaillé comme de coutume à l'As- « surance parisienne ; j'en suis sorti vers dix heures, pour aller déjeu- « ner rue de Provence, au *Cadran-Bleu*. Je suis retourné aux Assu- « rances vers les onze heures, parce que j'avais une copie à y faire ; j'ai « quitté l'administration entre onze heures et midi ; je suis rentré chez « moi vers une heure ; je suis sorti pour une demi-heure et rentré vers « une heure et demie... J'ai convoqué pour quatre heures mon tribu- « nal révolutionnaire, composé de Rousseau, Mably et moi. Après avoir « examiné la position de la France, tant à l'intérieur qu'à l'extérieur, « je me suis décidé, armé, et je suis parti à cinq heures moins un « quart. A cinq heures j'étais sur la place de la Concorde. »

M. le rapporteur établit ici que cette déclaration est en contradiction avec tous les témoins qui ont été entendus sur cette partie des faits, puis il ajoute :

En résumé, tout semble indiquer que, le 15 octobre, Darmès, en sortant des bureaux de la compagnie d'assurances, est allé au Carrou- sel s'assurer de l'arrivée du roi ; que, rentré un moment chez lui pour prendre sa redingote qui lui était nécessaire pour cacher sa carabine, il est ressorti bientôt après afin d'aller chercher ses armes qu'il n'a pas emportées de chez lui, puisque de nombreux témoins l'ont vu sortir sans elles, et qu'il n'est pas rentré; que la recherche de Considère, la course à Montmartre, ailleurs peut-être, n'ont eu que ces armes pour objet. On ne pourrait croire, en effet, que sachant le roi arrivé, étant décidé à exécuter son crime, ayant besoin de s'en procurer le plus tôt possible les instruments, ne pouvant prendre trop de précautions pour les cacher, il se soit distrait, pendant plusieurs heures, de ce grand intérêt pour aller payer une misérable dette d'un franc et quelques centimes, quand il en avait bien d'autres qu'il devait être plus pressé d'acquitter.

Ces complices de Darmès, dont l'existence devenait chaque jour plus certaine, qui ont dû procurer les armes et prêter leur assistance pour l'exécution du crime, nous n'avons rien négligé pour les découvrir. C'est à l'étendue de nos investigations, au temps qu'elles ont exigé, qu'il faut particulièrement attribuer la durée de l'instruction, suspendue à l'égard de Darmès jusqu'à sa guérison.

Il est inutile de vous rendre compte de quelques arrestations faites le jour même de l'attentat, et les premiers jours qui l'ont suivi; les individus arrêtés ont détruit, par leurs explications, les soupçons élevés contre eux.

Il avait été saisi sur Darmès, au moment de son arrestation, un écrit intitulé : *Qualités de l'homme vraiment moral*, contenant quelques maximes adoptées par les communistes; au dos se trouvait cette annotation : « Halot, peintre en porcelaine, rue d'Angoulême, n. 14. Du« tertre j°. » Halot et Dutertre, son ouvrier, ont été arrêtés, et des perquisitions ont été faites à leurs domiciles. Il n'est résulté de l'instruction aucun fait qui les rattachât directement à Darmès : il a seulement été reconnu que tous deux appartenaient à la société des Communistes; qu'ils avaient assisté aux banquets de Belleville et de Châtillon; qu'Halot avait déjà été poursuivi trois fois pour délits politiques, notamment en 1856, lors du procès fait à l'association dont Blanqui était l'un des chefs. Le papier sur lequel les noms d'Halot et Dutertre étaient inscrits avait été remis à Darmès par un ouvrier mécanicien nommé Borel, dont nous vous entretiendrons plus tard.

D'autres recherches ont produit des résultats plus importants.

Valentin *Duclos*, propriétaire et conducteur de cabriolets de remise, était signalé comme ayant eu de fréquents rapports avec Darmès, surtout à l'époque des coalitions d'ouvriers. Arrêté le 20 octobre, et interrogé le même jour, Duclos prétendit qu'il ne connaissait qu'indirectement Darmès : « C'était, dit-il, un homme un peu exalté; je me gardais bien de « l'entretenir dans ses idées : du reste, je n'avais avec lui aucune « relation intime. » On lui demande s'il n'a pas eu avec Darmès « quel- « que conversation sur l'attentat du 15 octobre. » Tout à coup il se trouble, il s'écrie : « Je vois qu'on veut me perdre...; je vois qu'on est « indisposé contre moi, » et il refuse de répondre davantage. Il dit ce- pendant, vers la fin de l'interrogatoire : « Je ne vois pas pourquoi on « m'accuse. Ma politique est d'être homme moral, et je n'ai rien à me « reprocher... Je puis avoir des idées; mais jamais je ne me mêlerai « d'un assassinat, parce que ce n'est pas là de la politique. »

Des perquisitions successives firent découvrir, au domicile de Duclos, 1,295 *cartouches à balles en poudre de guerre*, environ SEPT KILO- GRAMMES *de poudre*, tant de guerre que de chasse, un bonnet phrygien en coton rouge, une grande quantité de journaux, brochures, écrits républicains et communistes; on y saisit aussi une pétition pour la ré- forme électorale, portant sa signature accompagnée de quelques autres; les cartouches, poudre, balles, étaient cachées dans un grenier à four- rages, sous des bottes de foin.

Duclos soutenait que ces cartouches étaient chez lui depuis quatre ou cinq ans; qu'elles lui avaient été confiées, à titre de dépôt, par un monsieur qu'il ne connaissait pas, et qu'il avait seulement conduit quatre ou cinq fois dans son cabriolet; qu'il ne savait même pas d'a- bord que le paquet remis entre ses mains contînt des cartouches. Ces assertions ont été formellement démenties par Charles, cocher de ca- briolet chez Duclos. Charles a déclaré, le 21 novembre, que les car- touches avaient été fabriquées par Duclos lui-même; au mois de juin 1840, il y travaillait encore. Le témoin a vu dans la chambre à coucher la boîte dans laquelle était la poudre. Presque tous les matins, Duclos emportait trois ou quatre paquets de cartouches dans le coffre de son cabriolet; ensuite il les portait, cachées dans sa musette à avoine, à un endroit que Charles ignore. Duclos cherchait à se cacher de lui témoin, qui n'a pas osé le suivre « parce qu'il craignait quelque mauvais « coup... Duclos était très-méchant et capable de tuer l'homme auquel « il en aurait voulu. »

Duclos, interrogé le même jour, n'a pas contredit la déclaration de Charles. « Je m'expliquerai là-dessus lors du jugement..., a-t-il dit;

« je n'ai pas besoin de vous dire où je portais ces cartouches, puisque
« vous le savez. »

Les poudres trouvées chez Duclos ont été soumises à des experts ; il
a été constaté qu'elles provenaient d'une fabrication clandestine, et
que la poudre à gros grain offrait beaucoup d'analogie avec celle qui a
été saisie rue de l'Oursine, sans que les experts, cependant, pussent
affirmer qu'elles avaient toutes deux la même origine.

Duclos avait été soupçonné d'avoir pris part à l'insurrection des 5
et 6 juin 1852 : on assurait l'avoir vu aux barricades de la rue Saint-
Méry. Les charges n'ayant pas paru suffisantes, il fut renvoyé de la
poursuite. Ses camarades de la garde nationale refusèrent alors de
le laisser rentrer dans leurs rangs. Un papier saisi lors des dernières
perquisitions faites chez lui prouve que, dès cette époque, il appartenait
aux société secrètes, et que même il y occupait un grade. On lit sur ce
papier : « Reçu du citoyen président de la société 4 francs. 15 dé-
« cembre 1852. Signé *Delente.* » Duclos a dit qu'il ne savait pas comment ce papier s'était trouvé chez lui ; mais deux témoins l'ont expliqué. Le sieur Milon a déclaré que Duclos, d'abord simple sectionnaire
dans la société *des Droits de l'homme*, était devenu plus tard chef de
section dans la 2e série ; Milon faisait alors partie de la même société,
qu'il abandonna depuis. Le sieur Desmarets, voisin de Duclos, a déposé
avoir entendu Milon se plaindre vivement de ce que Duclos l'avait entraîné, et dire qu'il ne l'écouterait plus ; qu'il l'avait connu chef d'une
société secrète.

Tout semble établir que, depuis cette époque, Duclos a persisté dans
les mêmes dispositions. Ses voisins s'accordent à dire qu'il avait les
opinions politiques les plus exaltées, qu'il affichait une grande haine
contre le gouvernement, et qu'il paraissait avoir sous ses ordres un assez grand nombre d'hommes dans les mêmes sentiments que lui.

Après avoir ainsi fait connaître Duclos, nous allons exposer quelles
ont été ses relations avec Darmès, relations dont tous deux se sont ef-
forcés de dissimuler l'intimité.

On a trouvé chez Duclos un livre sur les maladies des chevaux portant ces mots : « Donné à Duclos par son ami Marius. » Marius est
l'un des prénoms de Darmès, qui avoue avoir écrit ces mots et donné
le livre à Duclos, qui en convient.

Les témoins Mack, Desmarets, Mathieu, voisins de Duclos, ont vu
souvent Darmès chez lui ; tous deux causaient ensemble dans la cour.

Le témoin Charles voyait continuellement Darmès à la station de

Duclos. Dans les deux mois qui ont précédé l'attentat, il se passait rarement deux jours sans qu'il y vînt. Darmès allait à la barrière boire avec Duclos, sa sœur et la fille Poutrelle, sa concubine.

Tous les cochers de la station ont déposé de ces relations.

La femme Sinet, concierge de la maison où a logé Darmès, rue de Trévise, a vu plusieurs fois celui-ci conduit à la barrière dans le cabriolet de Duclos, surtout au moment des coalitions.

Ils étaient ensemble au banquet de Belleville et en sont revenus ensemble ; Duclos, qui l'avait d'abord nié, en est convenu depuis.

Tous deux fréquentaient les mêmes cabarets, celui de Lespinasse, celui de Brisedou, celui de Considère. Le sieur Bourson, marchand de vin, à Montmartre, déclare que, le dimanche qui a précédé l'attentat, Darmès et Duclos sont venus boire ensemble chez lui ; la femme Bourson, qui les a servis, dit que c'est trois ou quatre jours seulement avant l'attentat. La fille Poutrelle les accompagnait; ils paraissaient se promener tous ensemble. La veille du jour du crime, Darmès et Duclos buvaient ensemble, le soir, dans le cabaret tenu par la femme Bertrand, à La Chapelle. Cette femme les connaissait tous deux ; elle se rappelle bien les avoir vus tous deux chez elle, le 14 octobre au soir. Confrontée avec eux, elle les a reconnus et a persisté dans sa déclaration.

Darmès a toujours donné de fausses indications sur le lieu où il avait déjeuné le matin même du 15 octobre ; Mathieu a déclaré qu'il avait entendu dire par des cochers de cabriolet que, ce jour-là, Duclos et Darmès avaient déjeuné ensemble dans le même cabaret. Darmès voulait payer ; Duclos l'arrêta, en lui disant : « Non, non, tu es un brave ; « c'est moi qui paye aujourd'hui. » Les cochers qui auraient rapporté ce fait à Mathieu n'ont pas été retrouvés, mais le témoin affirme qu'ils lui en ont parlé très-peu de temps après l'attentat.

Il paraîtrait que Darmès avait eu un moment la pensée d'entrer comme cocher au service de Duclos, et que les permissions trouvées chez lui avaient été demandées dans cette intention.

L'instruction aurait donc établi les relations intimes de Duclos avec Darmès pendant les jours qui ont précédé l'attentat, la veille et le jour même de son exécution. Le surlendemain, Duclos s'étant présenté chez la femme Bertrand, celle-ci lui dit que Darmès en était l'auteur. Duclos pâlit, parut troublé, et assura qu'il n'en était rien ; cependant il ne l'ignorait pas. Le 16 octobre, il disait devant ses cochers, en parlant du

crime de Darmès : « Je suis pourtant un franc républicain, mais je
« n'aurais pas attenté à la vie du roi. »

M. le rapporteur énumère ici toutes les charges qui pèsent sur les
prévenus Aimé Borel, ouvrier mécanicien; Racarie, mécanicien; Periès dit
Champagne, tondeur de drap; Bouge, dit le Tourangeau, mécanicien;
Belleguise, charron ; Guéret, dit le Grand-Louis, ébéniste; Robert, tein-
turier, et Martin, dit Albert, mécanicien (1). Puis il ajoute sur le prévenu Considère :

Votre attention doit se fixer davantage sur un homme dont, bien des
fois déjà, vous avez entendu le nom, sur *Considère*. Considère s'était
fait remarquer par sa violence dans le parti républicain. Condamné dans
l'affaire des *tours Notre-Dame*, ainsi que Deganne, dont il a épousé la
fille, ils durent leur liberté à l'amnistie de 1837, et furent employés
dans la maison Laffitte, Deganne en qualité de concierge, Considère
comme garçon de caisse; il tient, en outre, par lui ou par sa femme,
un cabaret à Montmartre, habituellement fréquenté par Darmès, Duclos,
Borel et autres communistes. Considère semble appartenir lui-même
à cette association : en effet, son nom se trouve, sous le n. 594, sur des
listes saisies chez Lambrun, et que celui-ci a déclaré contenir les noms
des individus qui ont assisté au banquet communiste de Belleville. Considère était surtout lié avec Duclos à qui, en sortant de prison, il avait été
adressé pour en recevoir des secours d'argent; Duclos a dit qu'il le
voyait presque tous les jours dans la maison Laffitte, et Considère en
convient. Après avoir nié qu'il connût Darmès, Considère a dit qu'il ne
l'avait vu qu'une ou deux fois, qu'il ne savait même pas son nom. Darmès avait aussi, d'abord, soutenu qu'il ne connaissait pas Considère,
qu'il n'avait entendu parler de lui qu'à raison du procès où il avait été
condamné; qu'il n'avait jamais été dans un cabaret à Montmartre :
convaincu bientôt de mensonge, Darmès dit alors qu'il n'était allé que
rarement et depuis trois mois seulement chez Considère. L'instruction
indiquerait que les relations entre ces deux individus, relations qu'ils
ont mis beaucoup de soin à dissimuler, étaient plus étroites qu'ils ne
veulent l'avouer. Le cabaret de Considère était un lieu de réunion pour
Darmès et ses amis communistes; Darmès connaissait bien Considère et
sa femme qu'il appelait *citoyenne*; celle-ci était elle-même au courant
des affaires de Darmès, elle savait même l'apprentissage qu'il avait essayé
chez le savetier Fassola. Dans les divers interrogatoires subis par les

(1) Tous ces prévenus ont été renvoyés de la prévention par la Cour des Pairs.

deux époux, on remarque des contradictions propres à faire suspecter leur véracité. A en croire le mari, Darmès ne serait venu qu'une ou deux fois dans son cabaret, et toujours seul ; suivant la femme, Darmès est venu plus souvent et toujours accompagné de deux, trois et même quatre personnes ; dans les derniers temps, surtout, il venait plus souvent avec Duclos qu'avec d'autres ; la fille Poutrelle, concubine de Duclos, est également venue avec eux. Considère prétend qu'il n'a su le crime de Darmès qu'au moment de sa propre arrestation, et il résulte des réponses de la femme de Considère que, longtemps auparavant, elle lui avait dit que Darmès le Marseillais était l'auteur de l'attentat ; que « son mari ne s'occupait plus de ces affaires-là, » et qu'il avait exprimé sa désapprobation. Dans l'un de ses interrogatoires, Considère ayant dit que Darmès était un homme isolé, que personne ne le connaissait : Qu'entendez-vous par personne ? lui demande-t-on ; il répond : « Ce « sont les individus dans les prisons ou ceux que je connais d'ailleurs ; » ce qui annoncerait qu'avant les poursuites dirigées contre lui, Considère s'était informé des relations de Darmès.

Nous devons vous rappeler les faits qui semblent rattacher Considère à Darmès pour l'exécution même de l'attentat.

Le 15 octobre, après s'être assuré de l'arrivée du roi à Paris, dans la résolution arrêtée de l'assassiner, Darmès revient chez lui ; il en sort vers une heure pour n'y plus rentrer ; il n'était pas armé. Il doit aller prendre ses armes : où va-t-il ? Il va chercher Considère dans la maison Laffitte ; et pourquoi ? Serait-ce pour lui payer la moindre de ses dettes, 1 franc 25 centimes, que la femme Considère a dit être le prix d'un repas fait peu de jours auparavant avec Duclos ? C'est ce dont s'occuperait Darmès dans un tel moment ! N'ayant pas trouvé Considère, il va le chercher à Montmartre ; en s'y rendant, il est rencontré, entre trois et quatre heures, par la dame Marchand ; il n'avait point encore ses armes ; la femme Considère déclare qu'il ne les avait point lorsqu'il est arrivé à Montmartre. Il dîne là, et ce dîner est aussi resté enveloppé de mystère. Darmès a prétendu qu'il n'y avait personne alors dans le cabaret ; la femme Considère dit, au contraire, qu'il y avait un monsieur qu'elle ne connaît pas, et une dame Chapelier, son amie d'enfance : la dame Chapelier déclare qu'elle est bien allée voir la femme Considère au jour et à l'heure indiqués, mais elle n'a pas vu Darmès, et elle est sûre qu'il n'y était pas. Darmès n'a pu quitter Montmartre avant quatre heures ; à cinq, de son propre aveu, « il était à son poste, » en face du pont de la Concorde ; de cet intervalle entre quatre et cinq heures, il faut déduire le temps nécessaire pour aller de Montmartre à la place de la Concorde : dans le peu d'instants qui resterait, où et comment Darmès se serait-il armé ? Ne serait-ce pas Considère, dont vous connaissez les dispositions et les rapports avec Darmès, Duclos et les principaux communistes, Considère que Darmès s'est empressé de chercher dans ce moment fatal, ne serait-ce pas Considère qui lui aurait procuré ses armes ?

Darmès, dans ses premiers interrogatoires, n'avait pas dit un mot de ses visites à Considère ; il avait même soutenu ne pas le connaître ; il avait eu soin de prévenir les questions qui pourraient lui être adressées sur le lieu où il avait dîné le 15 octobre, en disant de lui-même qu'il avait acheté deux harengs à une marchande ambulante, et les avait mangés dans sa chambre. Forcé de s'expliquer sur la déposition de la dame Marchand, il avoua enfin qu'il avait dîné à Montmartre ; mais il prétendit qu'il en était parti au plus tard à trois heures ; qu'il était rentré chez lui, s'était armé ; que, dans le trajet pour se rendre à la place de la Concorde, il avait rencontré, rue Bleue, un cocher qui l'avait salué : or, l'instruction l'a démenti sur tous ces points. Il faut aussi noter la contradiction qui existe entre Darmès et Considère sur un fait important : Darmès déclare être allé, entre une et deux heures, chercher Considère dans les bureaux de la maison Laffitte, et ne l'y avoir pas trouvé, tandis que Considère affirme n'avoir pas quitté ces bureaux avant six heures. La déclaration de Darmès paraîtrait la plus vraisemblable, puisqu'il ne serait allé à Montmartre que parce qu'il n'avait pas trouvé Considère. Qu'a donc fait Considère pendant son absence des bureaux de la maison Laffitte ?

Dans tous ses interrogatoires Darmès a soutenu qu'il était toujours allé seul chez Considère, et qu'il n'y avait jamais accompagné Duclos ni aucun autre.

L'affiliation de Darmès, de Duclos, de plusieurs autres inculpés aux sociétés secrètes, les révélations de Borel, nous ont imposé le devoir de vous signaler ces réunions ténébreuses, où s'élaborent les doctrines subversives, où se fabriquent les publications incendiaires qui, pervertissant les masses ignorantes et passionnées, et les trompant sur leurs droits et leurs intérêts, les provoquent au renversement des bases même de l'ordre social ; qui, déversant chaque jour la calomnie et l'insulte sur une tête sacrée, la dévouent au poignard de fanatiques sectaires. Pour garantir le pays des dangers qui le menacent, il faut les dévoiler à ses yeux, et nous le ferons sans réserve. Nous ne vous dirons rien qui n'ait été constaté par des informations judiciaires, et toutes les pièces dont nous ferons usage ont été régulièrement saisies, à l'exception d'une seule, à nous transmise par l'autorité administrative.

Toutes les fois que la justice est parvenue à porter la lumière au sein des sociétés secrètes, elles ont été, par le fait seul de la publicité, condamnées à disparaître, au moins pour quelque temps, et à chercher de nouvelles formes d'existence. C'est ainsi qu'elles ont agi après les journées de mai 1839, comme après celles d'avril 1834 ; mais, dans leurs transformations successives, leur but a toujours été le même, et tous les moyens de l'atteindre ont été employés par elles.

L'indication de certaines modifications de notre système électoral est bientôt devenue, pour les factions anarchistes, un prétexte et un instrument de révolution politique et sociale. C'est ce qu'elles n'ont pas dissimulé dans l'intimité de leurs communications ; c'est ce qu'elles ont osé avouer dans des pétitions, et surtout dans les banquets imaginés pour seconder leur propagande.

M. le rapporteur cite ici une lettre de M. Audry, des extraits du *Censeur de Lyon* et du *Journal du Peuple*, un discours et une pièce de vers d'un M. Hubert, médecin ; puis il continue ainsi :

A la suite de l'insurrection de mai 1839, provoquée par la société *des Saisons*, cette société, qui avait succédé à celle *des Droits de l'homme*, se trouva désorganisée par la condamnation ou la fuite de ses principaux chefs ; mais les sectionnaires dispersés ne tardèrent pas à se rallier et à s'occuper de reconstituer une société nouvelle avec les débris de l'ancienne, sous le nom de société *Communautaire* ou *Communiste*. Cette forme fut choisie pour se rapprocher davantage de la classe ouvrière, et exercer sur elle une action plus énergique en la séduisant par l'appât d'un partage égal et immédiat des biens et de toutes les jouissances sociales : c'était là cette réforme que la réforme politique était, ainsi que vous l'avez vu, destinée seulement à préparer.

L'idée de ce plan semble remonter à une époque antérieure. Déjà en 1835, des écrits *communistes* avaient été saisis par suite d'informations judiciaires, et, dans le quatrième numéro de *l'Homme libre* faisant suite au *Moniteur républicain*, et saisi le 29 septembre 1838, on lisait :

« Nous demandons enfin la communauté telle ou à peu près telle que
« l'a comprise Babeuf... Nous remplirons un devoir en détruisant de
« fond en comble l'édifice social pour l'élever ensuite sur de nouvelles
« bases... Le temps approche où le peuple exigera, les armes à la main,
« que ses biens lui soient restitués, car la plus grande partie de ce que le

« riche possède n'est que le fruit de la rapine... La terre doit appartenir
« à tout le monde... ceux qui ne possèdent rien ont été volés par ceux
« qui possèdent..... »

Ces doctrines étaient enseignées dans une multitude d'écrits répandus avec profusion, tels que ceux intitulés : *Ni châteaux ni chaumières*; *l'Histoire des égaux* et la *Tribune du Peuple*, tous trois de l'abbé Pillot, ancien prêtre d'une prétendue Église française ; *la Revue démocratique, la Vérité sur le parti démocratique, Jacques Bonhomme, l'Égalitaire, l'Histoire de la conspiration du général Mallet, l'Atelier, Devoir des révolutionnaires, l'Almanach démocratique, le Pays et le Gouvernement,* et bien d'autres. Quelques extraits de ces publications vous en signaleront l'esprit (1).

M. le rapporteur cite ici des extraits des publications intitulées : *Ni châteaux ni chaumières, Histoire des égaux, l'Égalitaire, Histoire de la conspiration du général Mallet;* il ne donne aucun extrait des autres

---

(1) Des publications que distinguent entre elles les opinions les plus contraires et les principes les plus opposés sont confondues ici dans la même accusation ; cette étrange confusion a fait penser que M. le rapporteur n'avait pas lu les ouvrages dont il parle. Quoi qu'il en soit, deux de ces publications étant sorties de notre librairie, nous croyons devoir en citer un court extrait, pour réparer l'omission de M. le rapporteur qui n'a rien reproduit de ces deux écrits, parce qu'apparemment il n'aurait pu y trouver la preuve de son allégation.

« Ma conviction intime, fondée sur de longues réflexions, est que l'avenir auquel
« nous aspirons tous ne sera point une négation, une destruction fondamentale de
« ce qui l'a précédé, mais un développement des germes de bien que le présent
« renferme en son sein, et qu'y étouffent les passions mauvaises ; c'est qu'à mes
« yeux, la famille et la propriété, intimement liées aux croyances morales sans
« lesquelles nulle vie, sont les bases premières de toute société. » (*Lamennais.*)

« La violence est l'arme des mauvaises causes. Certaine de l'avenir, la démocratie
« doit revêtir désormais des formes graves et prendre de calmes allures. Nous ne
« faisons point un appel aux passions, qu'on le sache bien ! nous nous adressons à
« la raison pour l'éclairer, à l'intelligence pour la féconder, au dévouement pour
« l'exciter : nous voulons solliciter les bons sentiments des heureux du monde, et
« non pas susciter les ressentiments de ceux qui souffrent. » (*Almanach Démocratique.*)

Qu'y a-t-il de commun, nous le demandons, entre ce langage et les doctrines dénoncées par M. le rapporteur ? (*Note de l'Éditeur.*)

publications, mais il rapporte encore un toast *à la communauté égalitaire,* une pièce saisie chez Ott et signée *Nermon,* puis le règlement d'une société communiste de Lyon, et celui de l'association des travailleurs égalitaires de Paris ; il termine ainsi :

Dans la profession de foi vous avez pu remarquer ce passage : « Une « dictature populaire, forte, dévouée, *nous paraît indispensable,* etc.; » et dans le formulaire, celui-ci : « Nous voulons une dictature après la « révolution pour appliquer nos principes, etc. » Un document, que son étendue nous oblige à placer à la suite de ce rapport, et que no s recommandons à votre attention particulière, vous fera connaître ce que devait être cette dictature. Cette pièce est un rapport fait le 18 novembre 1839 *à la Société démocratique française,* à Londres, société composée en grande partie d'individus condamnés ou impliqués dans les procès d'avril 1834 et mai 1839. Les conclusions en ont été adoptées dans la séance du 14 septembre 1840, un mois avant l'attentat du 15 octobre, et au moment où les coalitions d'ouvriers faisaient espérer aux factieux de puissants auxiliaires. On a publié ce rapport à Londres, afin de se mettre à l'abri du danger ; mais c'est pour la France qu'il était fait, et il a été distribué en France. Deux exemplaires en ont été saisis à Paris, l'un chez un sieur de la Hodde, se qualifiant homme de lettres, l'autre chez un sieur Pernin, peintre en bâtiment, qui ont refusé de dire de qui ils les tenaient. Dans ces domiciles ont aussi été trouvés plusieurs écrits communistes.

Vous le verrez, messieurs, ces hommes qui osent prendre pour symbole et pour drapeau ces mots : « Égalité, fraternité, liberté, » veulent constituer le pouvoir le plus absolu, le plus tyrannique et en même temps le plus irresponsable.

Ce pouvoir, ils préféreraient le donner à un seul homme, et c'est avec regret qu'ils se résignent à le confier à un *triumvirat.*

Pour la nomination des triumvirs, ils ne s'en rapporteront pas au choix du peuple, « dont la grande majorité pourrait se tromper : ce « sont les auteurs de l'insurrection qui les proclameront immédiate- « ment. »

Et les triumvirs nommeront seuls à tous les emplois.

Et ils devront gouverner *révolutionnairement,* c'est-à-dire substituer les actes d'une incessante violence à l'œuvre paisible et régulière de la sagesse et du temps.

Et aucune autorité ne pourra contrôler leurs actes, parce que « con-

« trôler un pareil gouvernement, c'est arrêter sa marche, c'est para-
« lyser son action. »

Ce gouvernement est qualifié de provisoire ; mais, loin d'en fixer le
terme, on organise sa durée nécessaire.

La guerre déclarée à tous les rois ;

L'administration par les clubs ;

L'abolition de la liberté de la presse ;

La désorganisation de l'armée ;

L'établissement d'un papier-monnaie et d'un *maximum ;*

Le monopole obligatoire d'une éducation athée, celui du commerce
et de l'industrie, concentrés dans les mains du gouvernement ;

La confiscation érigée en principe, et largement appliquée :

Telles seraient les mesures à prendre par les triumvirs. Et vous no-
terez ce passage : « Nous vous avertissons, citoyens, que nos idées et
« nos opinions sur les choses dont nous allons parler sont toutes mar-
« quées au coin du système *communautaire ;* que dans les moyens que
« nous vous proposons comme devant être, selon nous, les meilleurs
« moyens à employer le lendemain d'une insurrection, nous n'avons vu
« qu'une manière d'arriver, plus tôt que par telle autre, à l'établisse-
« ment de la *communauté,* but vers lequel nous tendons. »

En voilà trop, messieurs, sur cette monstrueuse production ; sa lecture suffira seule pour vous apprendre ce qu'est *le système communautaire,* par quels moyens on prétend l'établir, et quel serait le sort du
malheureux peuple condamné à le subir.

Tel est, messieurs, l'ensemble de cette vaste instruction.

Vous vous demanderez s'il n'est pas établi que l'attentat du 15 octobre ne peut être le crime d'un fanatique isolé, que Darmès a eu des
complices, et que ces complices appartiennent comme lui à la société
des Communistes. Vous apprécierez, relativement à chacun des individus sur lesquels vous aurez à statuer, les conséquences légales des
charges qui les concernent. Pour nous conformer à vos précédents,
nous devons nous abstenir de vous présenter à cet égard des conclusions
positives.

Il nous resterait à nous expliquer sur votre compétence, mais n'est-
elle pas démontrée ? L'article 28 de la Charte constitutionnelle vous dé-
père les attentats à la sûreté de l'État ; l'attentat contre la vie ou la personne du roi est le plus grave de ces attentats. Dans quel temps cette
qualification fut-elle mieux justifiée ? Les épreuves qu'a subies la France

depuis dix ans n'ont-elles pas signalé au monde la haute sagesse du roi, son dévouement entier et fidèle au maintien de nos droits, à la protection de tous nos intérêts, au progrès de notre prospérité?

Notre mission est terminée, permettez-nous, messieurs, une réflexion dernière.

De nombreux et sévères enseignements ont été donnés à la France, qu'elle veuille enfin les comprendre! On le sait maintenant : dans l'intime pensée des factions anarchistes, il ne s'agit pas de diversités d'opinion sur le système de conduite du gouvernement constitutionnel, il ne s'agit plus même des formes de ce gouvernement. La révolution politique n'est qu'un prétexte, c'est la révolution sociale, c'est la destruction de toutes les garanties sociales qui est le vrai but. Quand, en 1854, l'association des Droits de l'homme intitulait une de ses sections : « De « l'abolition de la propriété, » elle prétendait n'entendre abolir que la propriété *mal acquise*; aujourd'hui, les Communistes disent, publient : « La propriété, c'est le vol. » C'est par les massacres qu'ils veulent arriver au pillage; c'est parce que le roi est, suivant leur expression, « la « clef de la voûte, » qu'ils attentent à sa vie. C'est donc aussi pour la défense de la société que tous les bons citoyens doivent unir et employer énergiquement toutes leurs forces; c'est pour défendre la société qu'ils doivent défendre les institutions qui la régissent et le roi qui la protége.

---

# SÉANCE DU 12 MAI.

## ARRÊT DE MISE EN ACCUSATION.

« La Cour des pairs,

« Ouï, dans sa séance d'hier, M. le baron Girod (de l'Ain), en son rapport de l'instruction ordonnée par l'arrêt du 19 octobre dernier ;

« Ouï, dans la même séance, le procureur général du roi dans ses dires et réquisitions, lesquelles réquisitions par lui déposées sur le bureau de la Cour, et signées de lui sont ainsi conçues :

(Suit le réquisitoire de M. le procureur général contre les nommés) :

« Darmès (Ennemond-Marius) ;

« Duclos (Valentin) ;

« Considère (Claude-François-Xavier) ;

« Belleguise (Étienne-Alexandre) ;

« Borel (Charles-Aimé) ;

« Bouge, dit le Gros-Joseph (Dominique-Joseph) ;

« Guéret, dit le Grand-Louis (Louis-Georges) ;

« Martin, dit Albert (Albert-Alexandre) ;

« Periès, dit Champagne (Antoine-Victor) ;

« Racarie (Louis-Auguste-François) ;

« Robert (Jean) ;

« Après qu'il a été donné lecture par le greffier en chef et son adjoint des pièces de la procédure ;

« Et après en avoir délibéré hors la présence du procureur général,

« En ce qui touche Darmès (Ennemond-Marius) :

« Attendu que de l'instruction résultent contre lui charges suffisantes de s'être, le 15 octobre 1840, rendu coupable d'attentat contre la vie du roi ;

« En ce qui touche Duclos (Valentin) et Considère (Claude-François-Xavier) :

« Attendu que de l'instruction résultent contre eux charges suffisantes de s'être rendus complices de l'attentat ci-dessus qualifié, soit en concertant et arrêtant la résolution avec son auteur, soit en aidant et assistant l'auteur de cet attentat dans les faits qui en ont préparé, facilité ou consommé l'exécution ;

« En ce qui touche Belleguise, Borel, Bouge, Guéret, Martin, Periès, Racarie, Robert :

« Attendu que de l'instruction ne résultent pas contre eux des charges suffisantes de complicité du crime de la connaissance duquel la Cour est saisie ;

« La Cour se déclare compétente :

« Déclare qu'il n'y a lieu à suivre devant la Cour contre Belleguise, Borel, Bouge, Guéret, Martin, Periès, Racarie, Robert ;

« Ordonne que Borel sera mis en liberté s'il n'est détenu pour autre cause ;

« Donne acte au procureur général de ses réserves à l'égard de Belle-guise, Bouge, Guéret, Martin, Periès, Racarie, Robert ;

« Ordonne la mise en accusation de Darmès, Duclos, Considère ;

« Ordonne en conséquence que lesdits Darmès (Ennemond-Marius), âgé de quarante-trois ans, frotteur, etc. ;

« Duclos (Valentin), âgé de quarante-quatre ans, propriétaire de cabriolets de remise, demeurant à La Chapelle-Saint-Denis, etc. ;

« Considère (Claude-François-Xavier), âgé de trente ans, garçon de caisse chez MM. Laffitte et compagnie, etc. ;

« Seront pris au corps et conduits dans telle maison d'arrêt que le président de la Cour désignera pour servir de maison de justice près d'elle ;

« Ordonne que les débats s'ouvriront au jour qui sera ultérieurement indiqué par M. le président ;

« Ordonne que le présent arrêt sera exécuté à la diligence de M. le procureur général du roi.

« Fait et délibéré à Paris, le 11 mai, en la chambre du conseil. »

(Suivent les signatures de M. le baron Pasquier, président de la Cour, et de MM. les pairs au nombre de cent quarante-six.)

# DÉBATS.



La disposition de la salle est la même qu'aux précédentes audiences, et notamment dans celle où fut jugé le prince Louis-Napoléon. L'hémicycle où s'élèvent ordinairement la tribune, le fauteuil de M. le président et le bureau de MM. les secrétaires, a fait place à une tribune élevée où ont pris place les officiers de la force armée de service au palais, l'inspecteur général des prisons, chargé spécialement de la surveillance des détenus, et quelques employés de service. Sur le devant de cette tribune, couverte d'une serge verte, est un banc réservé pour les accusés, un peu plus élevé que les derniers bureaux de MM. les pairs, et au-dessous desquels des places ont été réservées pour les avocats chargés de la défense.

Le bureau de M. le chancelier a été, selon l'usage, placé à droite.

A midi un quart la Cour entre en séance. L'assemblée est nombreuse. Derrière le bureau de M. le chancelier ont pris place les membres de la commission, parmi lesquels on remarque MM. Girod (de l'Ain), Barthe, Mérilhou, de Bastard.

M<sup>es</sup> Pinède, Charles Ledru et Blot-Lequesne, avocats des accusés, sont au barreau.

Les accusés sont amenés par les gendarmes. Darmès s'assied le premier, précédé par un maréchal des logis de la gendarmerie. Il est séparé par deux gendarmes de Duclos, qui s'assied le second. Considère vient ensuite, également séparé par deux gendarmes de ses deux co-accusés.

Darmès est un homme de petite taille et assez gros ; sa figure est bouflle, et ses yeux à fleur de tête ôtent à sa physionomie toute expression. Ses cheveux sont châtain foncé, et sa barbe de couleur plus claire est taillée en pointe sous le menton. Il est vêtu d'une redingote de couleur foncée; une cravate de couleur entoure son cou : son extérieur est celui d'un ouvrier.

Duclos est plus grand : sa figure noire et maigre est encadrée de favoris noirs, et son costume est assez semblable à celui du principal accusé.

Considère est le seul des trois accusés qui porte barbe et moustaches ; sa taille est plus élevée, plus droite que celle de ses deux coaccusés ; sa figure est plus distinguée, son front plus élevé. Il se tient les bras croisés, s'entretient quelquefois à voix basse avec son avocat, M<sup>e</sup> Blot-Lequesne.

M. Franck-Carré, procureur général, MM. Boucly et Nouguier, avocats généraux, et M. Glandaz, substitut, prennent place au bureau qui leur a été réservé en face de M. le chancelier, à la gauche de l'assemblée.

M. LE CHANCELIER. Premier accusé, quels sont vos nom et prénoms? — R. Ennemond-Marius DARMÈS.

D. Quel âge avez-vous? — R. Quarante-trois ans.

D. Où êtes-vous né? — R. A Marseille.

D. Quel est votre état? — R. J'étais frotteur.

D. Où demeuriez-vous au moment de votre arrestation? — R. Rue de Paradis-Poissonnière, n. 44.

Le second accusé déclare se nommer Valentin DUCLOS, âgé de quarante-quatre ans, né à Paris, propriétaire de cabriolets de remise, demeurant à La Chapelle-Saint-Denis, passage de la Goutte-d'Or, n. 4.

Le troisième accusé déclare se nommer Claude-François-Xavier CONSIDÈRE, âgé de trente ans, né à Montbazon, département de la Haute-Saône, marchand de vins, demeurant à Montmartre, rue du Vieux-Chemin, n. 8.

M. le greffier en chef fait l'appel nominal.

MM. Cauchy et Lachauvinière, greffiers, donnent lecture de l'acte d'accusation (1).

_______________

(1) Ce document n'étant que la reproduction des charges énumérées dans le rapport de M. Girod (de l'Ain), nous nous abstenons de le donner.

Il est ensuite donné lecture de la liste des témoins à charge et à décharge, qui sont au nombre de soixante-dix ou quatre-vingts; puis l'audience est suspendue jusqu'à deux heures et demie. A sa reprise, M. le président procède à l'interrogatoire de Darmès.

### Interrogatoire de Darmès.

D. Le 15 octobre, vers six heures ou six heures et demie du soir, n'étiez-vous pas sur la place de la Concorde, et n'avez-vous pas tiré sur la personne du roi avec une carabine? — R. Oui, monsieur le président.

D. Quel motif a pu vous porter à commettre une action aussi détestable? — R. J'ai répondu à cette question dans mes dépositions par écrit.

D. Cela ne suffit pas; il faut que la Cour entende vos explications verbales. — R. Je n'ai rien autre chose à dire à ce sujet.

D. Reconnaissez-vous les armes que vous portiez le 15 octobre? (Un huissier présente à Darmès une boîte renfermant des pistolets, un poignard et les débris de la carabine.) — R. Oui, monsieur, c'est à moi.

D. Comment vous êtes-vous procuré les pistolets? — R. Je n'ai rien à répondre à cet égard.

D. Dans vos interrogatoires vous aviez dit d'abord les avoir achetés; mais ensuite vous avez dit que ces pistolets appartenaient à M. Dutrône, conseiller honoraire à la Cour royale d'Amiens, et que vous les aviez dérobés. — R. Je vous ai dit la vérité.

D. Et le poignard? — R. Je vous ai dit la vérité à ce sujet.

D. Vous avez dit qu'il vous avait été donné par une femme qui l'avait trouvé dans l'appartement occupé par M. Lefèvre, peintre. Celui-ci a dit qu'il lui avait appartenu en effet, mais qu'il avait dû lui être volé. — R. Je n'ai rien de plus à dire.

D. D'où provenait la carabine qui vous a servi à commettre votre attentat? — R. Du sieur Capet, place de la Bourse.

D. A quelle occasion en avez-vous fait l'acquisition? — R. C'était pour avoir une arme.

D. D'où vous provenait le besoin d'avoir une arme? — R. J'ai répondu à cela.

D. Vous avez dit que vous l'aviez achetée à l'occasion des rassemblements qui ont eu lieu pour demander la grâce du condamné Barbès. — R. Je n'ai rien à ajouter.

D. Mais Capet a déclaré qu'il n'avait point cette arme en sa possession à l'époque que vous indiquez pour l'achat. — R. Je vous demande pardon.

D. Les renseignements pris ont démenti ce fait. — R. La carabine était chez Capet au mois de juillet 1839, et je la lui ai achetée.

D. Vous voulez détourner l'attention de la justice sur le véritable vendeur de la carabine, et l'arme que vous avez achetée à Capet n'est pas celle-là. Le sieur Benoît a vu dans votre malle une arme qui tenait dans la longueur, c'était une espingole : c'est celle que vous avez achetée chez Capet, mais ce n'est pas celle qui vous a servi à commettre l'attentat. — R. Benoît n'a pu avoir le temps de distinguer l'arme, car j'ai fermé ma malle très-vite.

D. Comment portiez-vous votre carabine dans la journée du 15 octobre ? — R. Sous ma redingote et sous le bras.

D. L'instruction a établi que lorsque vous êtes sorti de chez vous, vous n'étiez point porteur d'armes : vous n'avez donc pu vous armer qu'après ? — R. Je n'ai pas sonné la trompette pour qu'on m'entendît.

D. Toutes les personnes qui vous ont vu disent que vous êtes sorti pour la dernière fois de chez vous à une heure un quart, et que vous n'êtes point rentré depuis. — R. Je ne puis empêcher le monde de dire ce qu'ils veulent.

D. Un autre témoin vous a vu vers quatre heures, dans le faubourg Montmartre. Votre redingote était ouverte, et vous n'aviez pas d'armes. — R. Le témoin est dans l'erreur ; il m'a rencontré à deux heures.

D. Ses assertions sont cependant positives. — R. Je n'y peux rien.

D. Toutes vos assertions sur l'emploi de votre temps, dans la journée du 15 octobre, sont contredites. Vous avez été chercher vos armes dans une autre maison. — R. Je me suis armé chez moi.

D. Différentes circonstances établissent au contraire que vous avez dû aller chercher des armes ailleurs que chez vous ; ainsi vous avez indiqué la manière dont vous portiez votre carabine : il y a effectivement un témoin qui vous a vu sur la place Louis XV et qui, avant de savoir la manière dont vous aviez expliqué comment vous portiez la carabine, a donné la même explication que vous ; il a ajouté que vous n'étiez pas seul. Qu'avez-vous à dire ? — R. Je ne puis rien dire.

D. La déposition du témoin reste donc dans toute sa force. Il faut ajouter que ce témoin vous a vu vous rafraîchir avec l'homme qui vous accompagnait auprès d'une marchande d'eau-de-vie, et cette circonstance a été avouée par vous et par les témoins qui ont dit qu'au moment où vous avez été arrêté vous exhaliez une forte odeur d'eau-de-vie. — R. Je n'en ai bu que pour un sou.

D. Peu importe. Un autre témoin, le sieur Cauderan, était sur le lieu du crime ; au moment du passage du roi, il vous a vu quitter un groupe de quatre individus et vous placer derrière le poteau du réverbère à côté du corps de garde. Il a remarqué que ces hommes vous suivaient des yeux, et qu'un d'eux a dit avec chagrin, après l'explosion, que vous aviez manqué votre coup. Le même Cauderan a été attaqué et terrassé par ces hommes qui l'ont entendu manifester son indignation. — R. Il n'y avait personne sur la place.

D. Toutes ces dépositions concordent ensemble. Vous avez avoué que vous étiez allé plusieurs fois sur la place afin d'y prendre votre point de mire. — R. Oui, monsieur, cela m'est arrivé quelquefois.

D. Vous y êtes encore allé la veille du crime. — R. J'ai déjà répondu à cela.

D. Un autre témoin vous a remarqué, attendant avec impatience ce qui pouvait arriver des Tuileries ; il a rapporté qu'en voyant un wagon qui précédait la voiture du roi, vous avez dit : « Oh ! voilà le wagon, il ne tardera pas à arriver. » — R. Cette femme joue la comédie.

D. Dans quel intérêt ? (Pas de réponse.)

D. Une autre fois, vous avez dit : « Je vois bien où l'on veut en venir : ils prétendent que je me suis trouvé avec quatre individus sur la place de la Concorde ; eh bien ! oui, je n'étais pas seul ; qu'ils cherchent, s'ils veulent, ceux qui étaient avec moi. » C'est à vos gardiens, dans la prison, que vous avez dit cela. — R. Mes gardiens ont mal rapporté ce que j'ai dit, et ils l'ont mal interprété.

D. Lorsque je vous ai interrogé sur les dépositions de vos gardiens, vous avez reconnu qu'ils rapportaient exactement vos paroles, seulement vous les avez expliquées ainsi : « J'entendais par là que, dans la France, il y en avait un grand nombre qui étaient comme moi. » Cette explication n'est pas plausible. — R. Je leur ai dit : « Je ne suis pas seul, » et non pas : « Je n'étais pas seul sur la place de la Concorde. »

D. Vous avez refusé de faire connaître l'endroit où vous avez déjeuné le 15 octobre. Vous avez craint sans doute de compromettre ceux avec qui vous vous êtes trouvé alors. — R. J'ai déjeuné chez Meunier, au Cadran-Bleu, c'est la peur qui l'a empêché de dire la vérité.

D. Meunier n'a aucun intérêt à dissimuler la vérité. Vous avez prétendu avoir été, après le déjeuner, à la compagnie d'assurance, dans laquelle vous étiez employé comme frotteur, que vous êtes rentré chez vous vers les deux heures, que vous étiez sorti vers les quatre heures pour aller à la place Louis XV, afin d'y commettre l'attentat. Je dois vous faire remarquer que les portiers ne vous ont pas vu sortir à cette heure. — R. Il m'est arrivé dans bien des circonstances de sortir ou de r ntrer chez moi, sans avoir été vu par les personnes de la maison.

D. Vous avez dit dans vos premiers interrogatoires que vous aviez dîné chez vous; vous avez même donné des détails sur ce repas et dit que vous aviez mangé deux harengs. Cette déclaration cependant était fausse, et vous avez été obligé de le reconnaître, vous avez avoué que vous aviez dîné chez Considère. — R. J'ai en effet dissimulé ce fait pour ne compromettre personne.

D. Vous compreniez donc qu'en indiquant le domicile de Considère, comme étant celui dans lequel vous aviez dîné le 15 octobre, vous compromettiez Considère? mais cette crainte de compromettre Considère n'aurait-elle pas résulté de vos relations fréquentes avec lui, des faits auxquels il aurait pu prendre part, de la connaissance qu'il avait de vos projets, et de la part qu'il y a prise? — R. Non, monsieur.

D. Remarquez cependant que non-seulement vous avez menti lorsqu'on vous a demandé où vous aviez dîné, mais qu'interrogé sur vos relations avec Considère, vous avez même déclaré ne pas le connaître; puis, lorsqu'on vous prouve que vous avez menti, que non-seulement vous connaissez Considère, mais que vous avez dîné chez lui le jour de l'attentat ; quelle est alors l'explication que vous présentez? Vous dites que, devant 1 fr. 25 c. à Considère, vous avez voulu vous acquitter de cette dette si minime, et ce jour-là même, 15 octobre, alors que vous étiez agité par les préoccupations du crime affreux que vous alliez commettre. Vous alliez pour solder cette dette, d'abord chez M. Laffitte; n'y trouvant point Considère, vous vous transportez à Montmartre. L'explication que vous donnez est évidemment inadmissible : vous aviez un tout autre motif, en cherchant Considère dans de pareilles circonstances; je vous invite à réfléchir et à dire la vérité. — R. J'ai dit la vérité.

D. Pourquoi, lors des confrontations avec vos coaccusés, avez-vous déclaré ne pas les connaître? — R. Je n'ai voulu reconnaître personne, parce que ceux que j'aurais reconnus auraient été traités en parias.

D. Votre grande redingote dans laquelle vous étiez enveloppé le 15 octobre, depuis quand l'aviez-vous? — R. Quatre ans.

D. D'où la teniez-vous? — R. De mon beau-père.

D. Où avez-vous connu le nommé Simard? — R. Au banquet de Châtillon.

D. A ce banquet se trouvaient les membres de la société des Communistes? — R. Il y en avait beaucoup qui n'étaient pas Communistes, moi d'abord je ne l'étais pas.

D. On a trouvé chez vous plusieurs écrits et imprimés; parmi ces pièces, il y en a une qui est intitulée *Règlement de la Société*; deux exemplaires de ce règlement ont été trouvés chez vous. — R. C'est le règlement de la Société humanitaire. Borel m'a remis un règlement, je ne sais si Borel était communiste.

D. Vous avez dans vos interrogatoires déclaré que vous aviez travaillé à la propagation des principes de la communauté. — R. Tout le monde peut y travailler, on n'a pas besoin d'être de la société pour ça.

D. Vous étiez très-indiscret, car vous avez dit à la dame Grebin qu'il existait une société dont chaque membre, désigné par le sort, devait à son tour tenter de tuer le roi. — R. Je n'ai jamais parlé de ceci à madame Grebin, je m'en serais bien gardé.

D. D'où vous venait un autre écrit trouvé chez vous, et intitulé : *Discours par un homme du peuple?* — R. C'est moi qui l'ai écrit... et composé.

D. Pourquoi? — R. Pour m'amuser... C'était pour pousser à la révolte. Si Borel n'y avait pas été, à cette société, je n'y aurais pas été non plus.

D. Vous alliez donc souvent avec Borel? — R. Oui, souvent; mais je le connais maintenant pour un révélateur et un agent provocateur.

D. D'où viennent deux brochures intitulées, l'une : *Ni châteaux ni chaumières*, et l'autre : *Questions scandaleuses d'un Jacobin?* — R. C'est Simard qui m'a vendu la première; j'ai également acheté la seconde.

D. D'où vous venait un autre écrit intitulé : *Pétition sur la Réforme?* — R. Cela me regarde. C'était dans mes paperasses; je m'amusais à la lire.

D. La veille du crime n'avez-vous pas déjeuné avec Duclos, et celui-ci, après le repas, n'a-t-il pas refusé de vous laisser payer en disant : « Tu es un brave, je régale? » — R. Le déjeuner n'ayant pas eu lieu, il n'a pu dire cela.

D. Vous étiez évidemment fort lié avec Duclos. Toutes les fois que son nom a été prononcé dans l'instruction, vous avez pris des soins particuliers pour le mettre à l'abri. — R. Je ne nie pas que j'étais lié avec lui ; j'ignore s'il a de l'amitié pour moi, je sais bien que j'en ai pour lui.

D. Le 15 octobre, avez-vous vu Considère? — R. Je ne l'ai pas vu.

D. Vous avez cependant été le chercher ? — R. Je me suis rappelé que que je lui devais 1 fr. 25 c.; alors, voulant le payer, j'ai été rue Laffitte le demander ; j'ai ensuite été à Montmartre et j'ai payé à sa femme le 1 fr. 25 c.

D. A qui avez-vous demandé Considère, rue Laffitte? — R. Au concierge dans sa loge.

D. Ainsi vous prétendez n'avoir pas vu Considère le 15 octobre. — R. Je n'ai pas vu Considère le 15 octobre. Il y avait même longtemps que je ne l'avais vu.

### Interrogatoire de Duclos.

D. N'avez-vous pas été palefrenier des gardes du corps? — R. Oui, monsieur.

D. Quelles étaient là vos fonctions? — R. Je faisais les ménages des gardes, je faisais leur chambre, enfin tout.

D. Votre famille n'a-t-elle pas tenu longtemps un service de messageries de Paris à Melun? — R. Ma famille a été autrefois dans l'opulence, elle y est probablement encore; mais je ne m'en occupais pas, me suffisant à tout par mon travail.

D. Vous avez servi? — R. Oui, monsieur, j'ai servi dans le 3e hussards. J'en ai été réformé après avoir été blessé dans une sortie à Schelestadt.

D. Vous avez déjà été arrêté en 1852, dans les affaires des 5 et 6 juin? — R. J'ai été dénoncé, mais j'étais innocent de ce dont on m'accusait; l'accusation a prouvé le contraire.

D. Vous n'étiez pas tellement innocent que la garde nationale n'ait cru devoir vous exclure de ses rangs. — R Ce sont deux individus qui m'en voulaient. Le capitaine m'a dit : « Laissez là votre fusil, nous n'avons pas besoin de vous. » Savez-vous pourquoi le capitaine m'a dit cela? je vais vous le dire. Il y avait des barricades dans le faubourg en 1834, au mois d'avril. Alors le capitaine dit : « Qu'y a-t-il de nouveau? » Le caporal répondit : « Rien de nouveau, capitaine, si ce n'est que le beau Valentin fait des barricades. » C'était faux, cependant, j'étais bien rue Saint-Denis, mais les bras croisés à regarder, sans coopérer.

D. Vous avez fait partie de la société des Droits de l'homme. — R. C'est Milon qui a dit cela ; or, Milon s'est trompé. Je faisais partie d'une école pour l'instruction, où on apprenait à lire et à écrire par une méthode de nouvelle invention.

D. On a trouvé un reçu de cotisation chez vous. — R. Ce reçu a été laissé dans une brochure. La brochure m'a été remise, et c'est ainsi qu'on a trouvé le reçu chez moi.

D. Vous avez pris part aux événements du 13 avril 1834 ? — Jamais ! au grand jamais !

D. Vous avez souvent manifesté des opinions atroces ; on vous a entendu dire du roi : « Si je tenais son cœur là, je le.....» — R. Celui qui a dit cela est celui qui m'a dénoncé ; il m'a tendu un guet-apens et a voulu m'assommer. (L'accusé entre dans de grands détails sur ses querelles d'intérêt avec le témoin Mathieu qu'il accuse d'avoir été son dénonciateur.) Du reste, je n'ai pas vu ce Mathieu-là depuis bien longtemps.

D. On vous a vu dans un cabaret apporter un buste au cou duquel vous avez roulé une corde? — R. Moi, monsieur ! voilà qui est fort ; ce n'est pas moi, c'est un individu que je ne connais pas. Un buste a été brisé, c'est vrai ; j'étais là ; j'ai été mortifié de ce qui s'était passé.

D. A quelle époque avez-vous fait connaissance de Darmès? — R. Ma foi, monsieur, il passait souvent dans le quartier ; il s'arrêtait à nos stations ; il parlait avec l'un, avec l'autre. Un jour, les agents ont voulu mettre en fourrière un de mes cochers, j'étais à la station de la rue Richer, je me suis rendu en toute hâte rue des Petites-Écuries. Quelque temps après, Darmès, qui avait été présent à l'affaire, me demanda comment cela s'était passé. Je le voyais pour la première fois.

D. Pourquoi, quand on vous a interrogé, avez-vous dit que vous ne le connaissiez pas ? — R. Je ne le connaissais en effet qu'indirectement. Ce Darmès était un homme, voyez-vous, qui parlait à tout le monde, à n'importe qui, à un cocher, à un domestique.

D. N'avez-vous jamais fait partie de la société des Communistes ? — R. Non, monsieur, jamais.

D. Un témoin a déclaré que vous aviez voulu le battre parce qu'il ne partageait pas vos opinions. — R. Je ne me bats jamais. Je ne suis pas communiste, je ne suis pas même communicatif.

D. Vous avez été avec Darmès chez Considère. — R. Quand je rentrais le soir à vide de l'ouvrage et que je rencontrais Darmès, je le remontais dans mon cabriolet. Un jour il m'offrit un verre de vin. Voilà comme j'ai pu boire avec lui.

D. Ce jour-là n'avez-vous pas parlé sur la communauté des biens? — R. J'ai entendu parler de cela ; mais je ne me suis pas mêlé de la conversation. Je me rappelle même que deux individus présents ont été traités de mouchards parce qu'ils avaient dans leurs discours une certaine exaltation.

D. N'avez-vous pas été au banquet de Belleville avec Darmès? — R. Pas avec Darmès, j'y ai été par pure curiosité et pour mes 40 sous, comme les autres. Je n'y ai pas vu Darmès pendant le banquet ; mais en sortant j'ai vu Darmès, et j'ai été avec lui au boulevard Poissonnière *extra muros*.

D. Pourquoi aviez-vous nié cela? — R. Je voulais m'éviter une prévention, car autrement je n'avais pas sujet de nier pour quelque chose qui ne m'avait guère convenu. Au banquet, tous ces gens-là avaient l'air de prêtres, on aurait dit d'une religion qu'on voulait fonder. Ma foi je n'ai rien entendu à leurs discours, ça avait l'air d'un sermon.

D. Quel est le dernier jour où vous ayez vu Darmès? — R. La dernière fois que j'ai vu Darmès, c'est un dimanche.

D. N'est-ce pas le 14 octobre, et n'avez-vous pas déjeuné avec lui? N'avez-vous même pas dit : « Aujourd'hui c'est moi qui paye, tu es un brave ! » — R. Je n'ai jamais déjeuné avec Darmès. Je ne déjeune jamais avec personne, mes occupations ne me le permettent pas. Vers les onze heures ou midi, quand je suis sans pratique, je mange un morceau sur le pouce ; c'est bientôt fait.

D. Quel a été, le 14 octobre, l'emploi de votre journée? — R. Je ne pourrais vous le dire. Je conduis tantôt l'un, tantôt l'autre ; ce que je puis dire, c'est que j'étais rentré à cinq heures et même un peu avant.

D. Quelle a été votre dernière course le 15 octobre? — R. J'ai conduit, autant que je me le rappelle, un marchand de vin qui venait de vendre son fonds. Ce jour-là, c'était justement un jour d'échéance, j'ai travaillé comme de coutume, j'ai mené mon cabriolet.

D. Dans un de ses interrogatoires, votre coaccusé Darmès a dit : « L'affaire de ce pauvre Duclos est bien embrouillée ; il ne tiendrait qu'à moi de faire tomber sa tête, mais j'attendrai. C'est un homme établi, il a une femme ; s'il parle, je me vengerai. » — R. Je ne sais pas dans quel but il a dit cela. Je ne puis rien attribuer à cela.

L'accusé, interrogé de nouveau avec détails sur l'emploi de son temps pendant les journées du 14 et du 15, entre dans de longs développements. Il prétend n'avoir su que le surlendemain les détails de l'attentat.

D. Il existe contre vous une autre charge, et celle-ci est considérable. Je veux parler de la saisie de poudre et de cartouches faite chez vous? — R. Je vous ai déclaré de la manière dont elles m'avaient été laissées.

D. C'est-à-dire que vous avez refusé de vous expliquer. Vous avez évidemment fabriqué des cartouches, vous les apportiez à Paris dans votre cabriolet, vous les placiez dans la musette (le sac à avoine) de votre cheval? — R. Non, monsieur, je n'ai jamais fait une cartouche.

D. Pourquoi avez-vous refusé de vous expliquer dans l'instruction? — R. J'ai refusé parce que c'était étranger à l'affaire, et puis j'étais tout intimidé quand je répondais : M. le chancelier me disait que je le faisais sortir de son caractère. Il était en effet fort en colère.

D. Je sais bien que je vous pressais de questions, mais c'est que l'accusation était lourde contre vous. Quand je vous ai mis sous les yeux toutes les charges qui s'élevaient contre vous, vous en étiez terrassé et vous perdiez aussi la faculté de répondre. L'un de MM. les commissaires me rappelle en ce moment que lors de votre premier interrogatoire vous avez refusé positivement de répondre, parce que, disiez-vous, vous voyiez bien qu'on voulait vous perdre. — R. Je n'ai rien à dire de plus; ce sont des cartouches qu'un monsieur qui est monté dans mon cabriolet m'a laissées.

D. Ainsi un amas de cartouches se trouve chez vous, et vous prétendez qu'il vous vient d'un individu qui vous est inconnu, que vous ne voulez pas nommer. Et ces cartouches, vous les avez gardées complaisamment! Et vous n'avez pas averti l'autorité. Et vous les avez gardées innocemment, sans intention d'en faire usage! Je ne sais pas si la Cour trouvera dans ces réponses-là une justification suffisante? — R. C'est un individu qui me les a remises. Je ne puis dire que ça. Je l'avais déjà conduit cinq à six fois. Un jour il me dit de le mener à la campagne, c'était pour aller à cinq à six lieues. Nous fîmes prix à 15 francs; il avait avec lui un gros paquet. Il me dit de le conduire au coin de la rue Saint-Magloire. Il descendit, et en attendant il me pria de garder ce paquet pendant quelque temps. Il ne revint pas, et c'est comme cela que le paquet s'est trouvé en ma possession.

D. Un de vos cochers, nommé Charles, savait que vous aviez des cartouches. Vous l'aviez renvoyé et vous l'avez repris pour qu'il ne parlât pas? — R. Il pouvait bien parler, je ne craignais rien. Je l'avais pris parce qu'il avait la main douce pour les chevaux.

D. D'où vous vient ce bonnet rouge qui a été saisi chez vous? — R. C'est une femme qui l'avait fait chez nous pour se déguiser ; c'était une espèce de bonnet de folie.

D. On a saisi chez vous une pétition en faveur de la réforme. — R. Elle avait été laissée chez moi ; on n'est pas revenu la chercher.

M. le chancelier ordonne que lecture soit donnée de cette pièce.

### Interrogatoire de Considère.

D. Considère, vous avez été condamné? — R. J'ai été condamné à cinq années de prison comme non révélateur d'un complot.

D. N'avez-vous pas été détenu à la prison de Poissy? — R. Oui, monsieur.

D. N'avez-vous pas été transféré à Clairvaux par suite des propos atroces que vous aviez tenus contre le roi? — R. On peut appeler les témoins, je ne les crains pas.

D. Un témoin, entendu récemment, a déposé d'une horrible menace qui avait déterminé votre transfèrement à Clairvaux. — R. C'est faux.

D. A quelle époque êtes-vous entré garçon de caisse chez M. Laffitte? — R. Dès l'ouverture de sa maison de banque, et même un peu avant.

D. Votre femme tient un cabaret à la barrière Montmartre? — R. Oui, monsieur.

D. Vous connaissez Duclos? — R. Oui, monsieur.

D. Depuis longtemps? — R. Depuis dix-sept ans.

D. A votre sortie de prison, ne vous êtes-vous pas adressé à Duclos, pour avoir des secours? — R. J'ai été chez lui pour qu'il m'employât comme cocher ; je n'ai pas reçu de secours de lui. J'avais cent écus en sortant de Clairvaux ; je n'avais donc pas besoin d'argent.

D. Duclos allait à Montmartre, dans votre établissement? — R. Oui, monsieur ; mais je l'y ai vu rarement.

D. Avez-vous dit qu'il avait chez lui un dépôt de cartouches? — R. Oui.

D. Votre cabaret est signalé comme étant fréquenté par des Communistes ; c'est là que se réunissent les plus ardents de ses membres ? — R. Quand on tient un cabaret, on ne s'informe pas des opinions de ceux qui viennent y boire.

D. N'êtes-vous pas un de ces Communistes ardents ? — R. Je suis resté ce que j'étais en 1850 ; je me suis battu contre les Suisses, et après la victoire j'ai contribué à en sauver ; j'ai été à la maison de M. Laffitte, j'y ai monté la garde ; si parmi ces messieurs il en est qui ont fait parti du gouvernement provisoire, ils doivent me reconnaître , car pendant toute la journée du 51 je n'ai pas quitté l'hôtel de M. Laffitte. C'est pour me récompenser qu'il m'a pris dans sa maison.

D. Qui est-ce qui vous a fait connaître Darmès ? — R. Je n'ai jamais connu M. Darmès sous son nom, mais sous celui de Marseillais.

D. On connaît ordinairement les noms de ceux qu'on fréquente. — R. Le nom n'est pas important. Lorsque j'étais cocher on m'appelait seulement Comtois, parce que je suis de la Franche-Comté.

D. Le 15 octobre, Darmès avait un grand intérêt à vous rencontrer, car il a été vous trouver chez M. Laffitte, puis à Montmartre. Qu'avez-vous fait ce jour-là ? — R. Le 15 était un jour d'échéance, j'avais beaucoup d'ouvrage. J'ai été à la Banque et faire les recouvrements.

D. Votre femme a déclaré que quelques jours après l'attentat elle vous avait dit que l'auteur de cet attentat était Darmès. Pourquoi avez-vous dit que vous aviez su en novembre seulement que Darmès en était l'auteur ? — R. Ma femme est devenue presque folle à l'occasion de cette affaire ; elle ne sait pas ce qu'elle a dit.

D. Le 15 octobre, à quelle heure êtes-vous sorti de chez vous ? — R. A cinq heures et demie du soir.

D. Votre femme vous a-t-elle dit que Darmès était venu dans la journée du 15 octobre ? — R. Elle a pu m'en parler, mais je ne me le rappelle pas.

D. Comment expliquez-vous l'insistance que Darmès a mise à vous trouver le 15 octobre ? — R. Je n'entre pas dans le fond de la pensée de M. Darmès.

D. Ce jour-là Darmès a dîné dans votre cabaret ; il avait nié ce repas, que le hasard a fait connaître. Il est sorti très-peu de temps avant de commettre l'attentat. Il est naturel de penser qu'il n'a été chez vous que pour y prendre des armes et se réunir à ses complices. — R. Ce n'est pas chez moi qu'on aurait pu trouver des armes ; j'avais bien recommandé à ma femme de ne rien recevoir qui pût me compromettre.

On a fait souvent des perquisitions à mon domicile, et on n'a rien trouvé.

D. Comment expliquez-vous la conduite de Darmès pendant la journée du 15 octobre? Pourquoi tenait-il tant à vous voir ce jour-là? Pourquoi, ne vous ayant pas trouvé chez M. Laffitte, va-t-il dans les circonstances où il est placé, méditant un crime atroce, à une grande distance du lieu où il doit commettre son attentat? Il était évidemment dirigé, dans de pareilles démarches, par un grand intérêt, et cet intérêt n'était-il pas, comme je vous l'ai dit, de trouver des armes et des complices? — R. Je vous répète qu'il n'y a pas d'armes chez moi; d'ailleurs les douaniers ne les auraient pas laissé passer à la barrière.

L'audience est levée à cinq heures et quart et renvoyée à demain midi.

---

## 2<sup>e</sup> AUDIENCE. — 25 MAI.

### Audition des Témoins.

On introduit les témoins.

ENGINGER, simple grenadier au 57<sup>e</sup> de ligne le 15 octobre, et aujourd'hui caporal, a arrêté Darmès au moment de l'attentat. Lorsque le coup partit, dit-il, je courus après le coupable, qui se trouvait près du corps de garde, et je lui dis : « Malheureux ! c'est vous qui avez tiré sur « le roi ! » Et eu même temps je croisai la baïonnette sur lui. Il se contenta de me répondre : « Oui, mon citoyen, c'est moi qui ai tiré; que me veux- « tu ? » Je le fis entrer au poste. On le fouilla et on trouva sur lui deux pistolets et un poignard. Il s'écria alors en montrant sa main gauche et en désignant un des pistolets : « Oh ! si je n'avais pas été blessé, on ne « m'aurait pas arrêté, et celui-là aurait servi pour brûler la cervelle « au premier qui m'aurait mis la main dessus. »

MOREL, brigadier de la police municipale, était en surveillance sur la place de la Révolution au moment de l'explosion. Il entra dans le poste au même instant que celui qui venait de tirer. Interrogé par moi, dit le témoin, cet individu me donna ses noms et ajouta qu'il exerçait la profession de *conspirateur*. « Ce n'est pas, lui dis-je, une profession ; » il me répondit : « C'est la mienne. » Je fus chargé de le conduire à la Préfecture. Pendant le trajet il exprima le regret d'avoir manqué son coup, « ce qui n'aurait pas eu lieu, disait-il, si la carabine, qui contenait cinq balles et sept à huit chevrotines, n'eût pas éclaté. » Je n'ai remarqué personne en la compagnie de Darmès.

LEMAIRE, sergent de ville : Arrivé au poste, Darmès regretta d'avoir manqué son coup, et de ne pas avoir tué celui qu'il appelait le plus grand des tyrans anciens et modernes. « J'étais, disait-il, sûr de mon coup, car je ne manque pas un lièvre à cinquante pas ; mais ma carabine s'est brisée. » Je me rappelle, ajoute le témoin, qu'il dit encore : « J'ai hésité avant de tirer, parce que je voulais voir dans la voiture « si le duc d'Orléans y était ; si je l'y avais vu, je n'aurais pas tiré. » (Marques d'étonnement).

M. LE PRÉSIDENT : C'est la première fois, témoin, que vous parlez de cette circonstance relative au duc d'Orléans ; pourquoi n'avez-vous pas rapporté ce propos plus tôt ?

LE TÉMOIN : C'est que je n'y avais plus songé.

DARMÈS : La mémoire du témoin n'est pas fidèle ; ce n'est pas cela que je lui ai dit ; je lui ai dit que si le roi n'avait été que duc d'Orléans, je n'aurais pas cherché à le tuer. (Sensation prolongée.)

MATELIN, sergent de ville, et DEVAUX, colonel du 1er de ligne, déposent des mêmes faits que Engiuger et Morel.

PAQUELIN, cocher aux écuries du roi : Je conduisais la voiture de suite lors du retour du roi à Saint-Cloud. J'ai parfaitement aperçu l'explosion, qui partit de bas en haut, et comme si l'assassin avait été incliné ; mais je n'ai pas aperçu ce dernier. Lors du crime, il y avait deux personnes à côté de l'individu, mais à quelques pas, l'une à droite, l'autre à gauche.

DARMÈS : J'étais seul.

LE TÉMOIN ne reconnaît ni Duclos, ni Considère, ni Darmès.

FAGARD, cantonnier aux Champs-Élysées : Vers quatre heures un quart, j'aperçus sur la place de la Concorde deux individus se promenant pendant plus de vingt minutes. L'un avait une veste ; l'autre portait une redingote, et me fit d'abord l'effet d'un manchot, parce que je ne lui voyais qu'un bras ; mais ensuite je me suis aperçu qu'il cachait l'autre sous sa redingote. Vers quatre heures et demie, l'homme à la veste vint me demander l'heure ; je lui répondis qu'il pouvait être quatre heures et demie, cinq heures. Un instant après je les aperçus encore ensemble buvant un verre d'eau-de-vie.

LE TÉMOIN, confronté avec les accusés, ne reconnaît que Darmès qui est, dit-il, l'homme à la redingote.

M. LE PROCUREUR GÉNÉRAL, à Darmès : Le témoin dépose du fait du verre d'eau-de-vie que vous avez avoué ; puis il ajoute que vous étiez avec quelqu'un. Expliquez-vous.

DARMÈS : J'étais seul, absolument seul.

M. LE PROCUREUR GÉNÉRAL : Témoin, vous avez dû remarquer la taille de celui qui vous a demandé l'heure.

LE TÉMOIN : Il était de haute taille.

M. LE PROCUREUR GÉNÉRAL : Avez-vous remarqué la figure ?

LE TÉMOIN : J'ai remarqué que sa figure était très-rouge.

M. LE PROCUREUR GÉNÉRAL : Duclos, levez-vous.

Le témoin regarde Duclos.

PLUSIEURS PAIRS : Faites-le descendre dans l'hémicycle.

Duclos descend dans l'hémicycle.

M. LE PROCUREUR GÉNÉRAL au témoin : Regardez l'accusé ; le reconnaissez-vous ?

LE TÉMOIN : C'est bien la taille de monsieur ; mais ce n'est pas lui. L'individu qui est venu me demander l'heure n'avait ni collier ni favoris.

M. LE PROCUREUR GÉNÉRAL : Comment était-il vêtu ?

LE TÉMOIN : Il portait une veste et un chapeau noir.

M. LE PROCUREUR GÉNÉRAL : C'est bien la même taille ?

LE TÉMOIN : C'est la même grandeur.

M. LE PROCUREUR GÉNÉRAL : Quelle question vous adressa-t-il ?

LE TÉMOIN : Il me dit : « Cantonnier, quelle heure est-il ? » Je lui répondis : « Quatre heures et demie, cinq heures moins un quart. »

M. LE PROCUREUR GÉNÉRAL : Duclos, adressez cette question au témoin.

DUCLOS : Cantonnier, quelle heure est-il ?

LE TÉMOIN naïvement : Quatre heures et demie, cinq heures moins un quart. (On rit).

M. LE PROCUREUR GÉNÉRAL : Témoin, reconnaissez-vous la voix ?

LE TÉMOIN : Je ne reconnais pas la voix de monsieur. Il vient tant de monde me demander l'heure, que je puis oublier…

M. LE PROCUREUR GÉNÉRAL à Darmès : Vous avez dit dans l'instruction qu'il y avait un cantonnier dont la déposition pouvait être fatale à Duclos. C'est ce cantonnier-là dont il était question?

DARMÈS : Oui, monsieur.

M. LE PROCUREUR GÉNÉRAL : Pourquoi avez-vous dit cela?

DARMÈS : Ce qu'on disait de Duclos était une invention.

M. LE PROCUREUR GÉNÉRAL : Duclos, depuis quand portez-vous un collier de barbe?

DUCLOS : Des témoins affirmeront que je le portais longtemps avant le 15 octobre.

Mᵉ CH. LEDRU fait observer qu'on n'a pas trouvé de veste au domicile de Duclos.

Duclos retourne à sa place.

LA FEMME FELISA, marchande d'eau-de-vie, a vendu un petit verre à un individu de petite taille, accompagné d'un autre individu, un instant avant l'explosion. Ce témoin ne reconnaît aucun des accusés.

CAZAN, surveillant à la Conciergerie, rend compte du propos que Darmès aurait tenu en sa présence. En revenant de l'interrogatoire, Darmès, dit le témoin, s'apitoyait sur le sort de ceux qu'on avait arrêtés à cause de lui. Mon camarade et moi lui dîmes : « Il ne tiendrait qu'à vous de les faire mettre en liberté, dites la vérité. » Alors il nous a dit que l'affaire de Duclos était bien embrouillée, qu'il serait sans doute condamné à vie, et il ajouta : « Il faudrait que je dise peu de chose pour le faire condamner à mort comme moi. »

Darmès interpellé soutient qu'il ne s'est pas exprimé ainsi. Il a dit : Si j'étais un scélérat, je pourrais faire tomber la tête de Duclos comme la mienne.

M. LE PRÉSIDENT : Pourquoi disiez-vous de Duclos que son affaire était embrouillée.

DARMÈS : Parce que je savais qu'il avait été arrêté et qu'il était comme moi renfermé à la Conciergerie.

M. LE PRÉSIDENT : Vous ne pouviez le savoir.

DARMÈS : Les gardiens me le disaient nuit et jour.

FEMME MAGISTEL : Je me trouvais, le 15 octobre, dans l'avenue de Marigny sur les six heures du soir. Deux individus, venant des Champs-Élysées, passèrent précipitamment près de moi. L'un d'eux, vêtu d'une blouse, dit : « Maintenant nous sommes sauvés ; nous n'avons plus rien à craindre. »

PASCAL, âgé de 15 ans, qui était avec le précédent témoin, dépose du même fait.

GAUTHIER, gardien des Champs-Elysées, a vu, au moment de l'explosion, un individu courir du côté de la rue Royale. Il ne reconnaît pas les accusés.

CAUDERAN, perruquier : Je passai le 15 octobre, à six heures du soir, sur la place de la Concorde. Il y avait à côté de moi quatre individus ; un cinquième arriva et leur dit : « Le roi va passer. » Je voulus profiter de cette occasion pour voir le roi ; je me mis à côté de ces individus. Un d'eux avait le bras serré contre le corps. Au moment où le roi passa, il s'élança, et j'entendis une détonation. Je m'écriai : « Malheureux ! vous avez tiré sur le roi. » Et, par un mouvement instinctif, je courus sur lui ; mais les autres, qui étaient derrière moi, m'arrêtèrent vivement. Je leur dis : « Qu'est-ce que vous faites donc ? » On ne me répondit pas, et on me lâcha. Après avoir vu mettre l'assassin au corps de garde, je continuai ma route par la rue de Rivoli. Arrivé près des Tuileries, je fus assailli par trois des individus que j'avais remarqués en compagnie de l'assassin. Je reçus d'eux un violent coup de poing et un coup de pied qui me renversèrent.

Le témoin ajoute que cet événement lui a fait tant d'impression, qu'il n'en a pas dormi de la nuit. Il entre ensuite dans de longs et minutieux détails pour expliquer la manière dont il s'y est pris pour donner connaissance à la police de ce qu'il avait vu et entendu.

Confronté avec les accusés, Cauderan ne reconnaît que Darmès.

POULAIN, ouvrier en agrafes, dit que Cauderan lui a raconté les faits dont il avait été témoin. Le témoin l'a engagé à faire une déclaration à la police.

VASSEUR, employé aux assurances parisiennes, fait une déposition semblable à la précédente.

Interpellé sur la moralité de Cauderan, le témoin déclare que cet homme lui a communiqué une lettre dans laquelle il demandait une place au préfet de son département, et lui dénonçait en même temps un complot contre la vie du roi.

LA FEMME SAINT-GAUDIENS a vu, la veille de l'attentat, deux individus sur le quai de la Conférence. Elle a entendu le plus petit de ces individus dire, en voyant passer un fourgon de la maison du roi : « Ah ! voilà le wagon, il ne tardera pas à arriver ; » et un instant après : « Oh ! tas de brigands ! » Puis enfin le mot *capou* ou *capa* prononcé avec un accent méridional.

Le président invite le témoin à examiner Darmès.

LE TÉMOIN : Je présume que c'est celui-là que j'ai vu et entendu.

DARMÈS : J'ai été, en effet, le 14 sur la place de la Concorde; j'étais vêtu en frotteur, mais j'étais seul. J'ajouterai que si j'avais vu le roi ce jour-là, loin de jurer contre lui, je l'aurais salué.

(Suspension d'audience d'un quart d'heure.)

LA FEMME FAURE et STENOT, valet de chambre de madame Adélaïde, déposent sur des faits peu intéressants.

LOUIS CAPET, marchand armurier, place de la Bourse, reconnaît Darmès pour lui avoir vendu des armes, mais il ne se rappelle plus si c'est une carabine ou une espingole qu'il lui a vendue. Il ne peut pas dire que les tronçons qui lui sont présentés soient ou ne soient pas ceux de l'arme qu'il a vendue à Darmès.

DEBERGUE, commissaire-priseur, atteste qu'une espingole et une carabine cannelée ont été vendues en un seul lot au sieur Capet. Le témoin avait d'abord, dans l'instruction, déclaré qu'il croyait reconnaître les fragments de la carabine dont s'est servi Darmès pour être ceux de la carabine cannelée adjugée à Capet; mais aujourd'hui il déclare qu'il ne peut, en conscience, affirmer que les fragments qui lui sont représentés soient ceux de ladite carabine.

LES SIEURS MANNHEIM et TAURASSE ne reconnaissent pas les fragments de la carabine pour ceux de l'arme qui a été adjugée à Capet.

DARMÈS persiste à dire qu'il a acheté son arme à ce dernier.

BENOÎT, imprimeur lithographe, a vu Darmès dans l'établissement du sieur Raulet, traiteur. Là, l'accusé lui proposa de lui vendre du linge, et le conduisit chez lui, rue de Trévise ; il vit dans sa malle un petit fusil qu'il prenait beaucoup de soin à cacher.

SAUGÉ, surveillant à la Conciergerie, fait une déposition analogue à celle de son camarade Cazan, un des précédents témoins.

On entend ensuite les témoins relativement aux faits généraux de l'attentat, et aux antécédents de Darmès.

Deux témoins se rappellent que, dans le mois de septembre, Darmès leur a dit qu'il possédait une carabine depuis 1830.

Plusieurs autres témoins, qui ont employé Darmès comme domestique, ou dans la maison desquels il a demeuré, témoignent de ses opinions républicaines exagérées. Plusieurs d'entre eux supposent que cette exaltation lui a été suggérée par quelqu'un. (Le rapport donne tous ces détails.) Un de ces témoins, la dame Grebin, ajouta que Darmès disait

que s'il avait été à la place de Fieschi, il n'aurait pas manqué son coup.
Le témoin ajoute que Darmès avait avoué qu'il faisait partie d'une société secrète, dans laquelle la première condition d'admission était
d'attenter à la vie du roi.

M. LE PRÉSIDENT : Vous voyez, Darmès, que vous avez parlé au témoin d'une société secrète dont le but était l'assassinat du roi.

DARMÈS : Je n'ai parlé à personne de société secrète ; je m'en serais
bien gardé.

M. LE PRÉSIDENT : Cependant cette dame n'a aucun motif pour le
dire.

DARMÈS : Elle répète ce qu'elle a déjà dit; et elle n'a dit cela que
pour s'amuser, pour venir ici, se faire voir par MM. les pairs.
(On rit.)

Un débat s'engage sur la question de savoir à quelle heure Darmès
est sorti de chez lui le 15 octobre. Darmès est en contradiction avec
quelques-uns d'entre ceux qui prétendent qu'il est sorti à une heure un
quart, sans armes, et n'est plus rentré, tandis que cet accusé maintient
ses précédentes explications, c'est-à-dire qu'il est bien sorti à une heure
un quart, mais qu'il est rentré et sorti de nouveau, armé, à quatre
heures un quart.

L'audience est levée à cinq heures et demie.

DARMÈS, avant de sortir, prie M. le président de lui faire envoyer les
journaux. (On rit. )

Le président ne fait aucune réponse.

---

## 3e AUDIENCE. — 26 MAI.

### Suite de l'audition des Témoins.

CHARLES ALEXANDRE, cocher, qui a été au service de Duclos, signale
ce dernier comme un homme sévère, avec lequel il aurait eu quelques
discussions à propos de son service. En allant chez lui, un soir, j'ai vu
sur une table une boîte dans laquelle il y avait de la grosse poudre. Le

témoin a entendu dire que Duclos était républicain, et s'il a ajouté que Duclos faisait des cartouches, c'est qu'il l'a entendu dire.

DUCLOS : Le témoin a vu des cartouches dans le grenier ; il a même couché dessus quand il rentrait tard et qu'il sautait par-dessus le mur ; mais il n'a point vu de boîte de poudre à la maison ; ç'a été concerté avec Frédéric Mathieu.

Ici l'accusé, pour expliquer la provenance des 1400 cartouches qui ont été trouvées à son domicile, reproduit l'explication qu'il a donnée à ce sujet.

LE TÉMOIN se plaint d'avoir été acccusé, par Mathieu, d'avoir fabriqué des cartouches ; c'est, dit-il, une infamie ! c'est pour cela que je suis poursuivi en police correctionnelle.

Une discussion s'engage entre le président, le témoin et l'accusé Duclos, sur la question de savoir si ce dernier a, ou non, fabriqué des cartouches. Le témoin n'a pas vu Duclos confectionner des cartouches, mais il l'a vu, un jour, debout devant une table sur laquelle il y avait une boîte, fermée, il est vrai, mais dans laquelle il a cru voir de la poudre. A côté de cette boîte se trouvait une main de papier gris.

M. LE PRÉSIDENT à Duclos : Il est impossible d'admettre que la masse de cartouches saisie chez vous provienne de la source que vous avez indiquée. Vous n'auriez pu porter cela dans votre cabriolet.

DUCLOS : J'en aurais porté trois fois autant.

M. LE PRÉSIDENT : Vous avez donc bien l'expérience du transport des cartouches ?

FRÉDÉRIC MATHIEU, loueur de cabriolets, dépose que Duclos a voulu plusieurs fois le faire entrer dans les sociétés secrètes, et que, sur son refus et pour se venger, l'accusé aurait voulu le faire passer pour un mouchard.

Le témoin explique ensuite très-longuement que Duclos a pris part aux événements des 5 et 6 juin 1852, et qu'un jour, étant chez cet accusé, il a entendu une longue conversation politique, tenue par plusieurs personnes appartenant à l'opinion républicaine. Je compris, ajoute-t-il, que Duclos devait être un des chefs, car, dans le cas de réussite, il devait être nommé préfet de police. (On rit.)

Le témoin déclare, en outre, que Charles, ex-employé au service de Duclos, lui aurait confié qu'il aurait aidé Duclos à confectionner des cartouches, mais que celui-ci ne l'aurait pas payé.

On a dit au témoin que le matin du jour de l'attentat, Duclos avait déjeuné avec Darmès. Ce dernier, en sortant, voulait payer la dépense ;

« Non, non, se serait écrié Duc'os, tu es un brave, c'est moi qui paye aujourd'hui. »

M. LE PRÉSIDENT : N'avez-vous pas entendu dire que l'accusé Duclos ait tenu quelquefois de mauvais propos contre la personne du roi ?

MATHIEU : Oui, monsieur. On m'a dit que Duclos avait tenu une fois des propos très-peu honnêtes contre le roi. On parlait du roi : Duclos demanda à cette personne si elle aimait le roi, cette personne répondit : « Oui, je l'aime, parce qu'il est sur le trône ; je l'aime comme on doit aimer son roi. —Eh bien, reprit Duclos, on le fera cuire, et on vous en donnera une grillade, de votre roi. (Sensation.)

Mᵉ CH. LEDRU : Le témoin pourrait-il dire quelles étaient les personnes qui ont entendu ce propos ?

MATHIEU : Des cochers.

Mᵉ CH. LEDRU : Quels sont-ils ?

MATHIEU : Il y a huit ans que cela est passé ; je ne me rappelle plus qui c'était.

Mᵉ CH. LEDRU : Le témoin peut-il nous dire devant qui a été tenu ce propos que Duclos aurait tenu à Darmès, en déjeunant avec lui, le jour de l'attentat ?

MATHIEU : Ah ! je ne sais pas... c'était un bruit qui courait ; tout le monde en parlait.

Duclos persiste à nier les propos.

Desmarest et Milon font des déclarations insignifiantes.

On entend ensuite un grand nombre de témoins sur les habitudes, le caractère de Duclos, et l'emploi de son temps dans la journée du 15 octobre. Les uns déclarent que Duclos est un bon voisin, les autres qu'il est violent ; ceux-ci qu'il est incapable de faire du mal à personne ; ceux-là qu'il est sournois et peu communicatif, plusieurs qu'il était républicain ; aucun ne révèle rien quant ses relations avec le principal accusé.

TRUTIN, marchand de vin, a été conduit en cabriolet par Duclos, le 15 octobre, depuis deux heures et demie jusqu'à quatre heures et demie, cinq heures du soir. Ces courses lui coûtèrent 6 fr.

M. GLANDAZ fait observer que le témoin n'a pas été si explicite dans l'instruction ; il ne se rappelait pas, alors, être allé en cabriolet le 15 ; il avait même dit qu'il était certain de n'être pas sorti ce jour-là.

TRUTIN : Lorsque j'ai été interrogé, je ne m'y attendais pas ; je n'ai pu me rappeler immédiatement ce que j'avais fait cinq mois auparavant ; depuis j'ai consulté mes souvenirs et les notes où j'écris ma dépense, j'y ai vu que j'avais fait une dépense pour courses de cabriolet, et cela me remit sur la voie. J'affirme avoir dit aujourd'hui la vérité.

J'étais d'ailleurs si peu certain de n'être pas sorti, qu'en descendant de chez le juge, je me suis rappelé que ma déclaration contenait les mots dont vous parlez, et je remontai à l'instant pour la faire rectifier. Deux employés me dirent que le juge était parti pour le Luxembourg, mais que je pouvais lui écrire, que cela reviendrait au même.

DUCLOS : Ce jour-là M. Trutin livrait le fonds qu'il avait vendu; il me dit même qu'il avait perdu 1,000 fr. sur le prix de vente.

TRUTIN : Cela est vrai.

M. LE PROCUREUR GÉNÉRAL : La contradiction est bien étonnante... Il est singulier que vos souvenirs soient aujourd'hui si précis, lorsque, dans une instruction faite à une époque plus rapprochée du 15 octobre, vous étiez certain de n'être pas sorti.

M⁰ CH. LEDRU : Les témoins de la défense sont toujours suspectés (rumeurs); si j'avais voulu relever toutes les contradictions des témoins de l'accusation, j'aurais été obligé de prendre la parole à toutes les dépositions. (Nouvelles rumeurs.)

PLUSIEURS PAIRS : Il va trop loin, cet avocat.

M. LE PRÉSIDENT : Il est inexplicable que le défenseur ne veuille pas comprendre qu'il y a, dans la déposition du témoin, une contradiction évidente, qu'il importait au ministère public de constater; lorsqu'il aura la parole pour présenter la défense de son client, il pourra faire valoir les contradictions qu'il a cru remarquer.

La Cour reçoit encore plusieurs dépositions peu importantes.

L'audience est suspendue.

A la reprise de l'audience, Darmès tient un journal en sa main.


### Témoins à décharge de Duclos.


LES DAMES NOBLET et ANTOINETTE déclarent qu'elles ont entendu dire à Mathieu qu'il donnerait volontiers un petit doigt de sa main pour que Duclos fût acquitté, pour se battre avec lui après.

DUQUESNE : J'ai entendu deux des témoins qui ont dû déposer dire qu'ils feraient tout ce qu'ils pourraient pour faire condamner Duclos.

M. LE PRÉSIDENT : Quels sont ces témoins?

DUQUESNE : Desmarest et Mathieu. (Sensation).

(Sur la demande de M. le procureur général, le témoin Mathieu est rappelé.)

M. LE PRÉSIDENT : Qu'avez-vous à répondre, Mathieu, à ce que vient de dire le témoin?

MATHIEU : Duclos disait que j'étais un mouchard et un délateur : alors je dis que je donnerais volontiers un petit doigt de ma main pour qu'il fût acquitté, afin de lui prouver ensuite que je n'étais ni un mouchard ni un délateur.

DUQUESNE : J'affirme que M. Mathieu me tint le propos, dont j'ai parlé, sur le boulevard Bonne-Nouvelle. Je lui fis observer que cela n'était pas bien de vouloir faire, de propos délibéré, du mal à un homme. M. Mathieu me répondit : « Oh! je lui en veux depuis longtemps! »

MATHIEU : C'est faux!

M. JUIN : J'ai entendu Mathieu dire, en parlant de Duclos : « Il y a « huit ans que je lui en veux; je voudrais qu'il fût pendu dans huit « jours; si cela dépendait de moi, il le serait demain. J'ai trouvé l'occa- « sion de me venger, et j'en profiterai. »

UN PAIR : Il faudrait rappeler le témoin Mathieu. (Mathieu est rappelé).

M. LE PRÉSIDENT : Mathieu, qu'avez-vous à dire?

MATHIEU : Ce que vient de dire monsieur est faux !

JUIN : Vous êtes un imposteur. (Rumeurs.)

MATHIEU persiste à nier le propos dont parle le témoin.

JUIN : Je jure que j'ai dit la vérité !

MATHIEU : C'est faux.

JUIN : Misérable ! (Vives rumeurs sur les bancs de la Cour.)

PLUSIEURS PAIRS : Il ne faut pas laisser insulter les témoins !

M. LE PRÉSIDENT : La Cour appréciera l'affirmation et la dénégation.

LA DAME MOREL affirme que Duclos a passé chez elle la soirée du 15 octobre, en compagnie de son mari.

Plusieurs autres témoins sont encore entendus sur la moralité de Duclos.

Les deux garçons de bureau du cabinet de M. Zangiaconi sont appelés en vertu du pouvoir discrétionnaire du président. Ils déclarent tous deux qu'ils ne se rappellent nullement que M. Trutin soit remonté pour modifier sa déposition, et ils nient lui avoir donné l'indication dont il a parlé.

M. TRUTIN affirme de nouveau ses précédentes allégations.

M. LE PROCUREUR GÉNÉRAL demande, et M. LE PRÉSIDENT ordonne que Trutin soit séparé des autres témoins.

(Cet ordre est immédiatement exécuté, et Trutin est placé dans le couloir de droite.)

M. LEBEL, directeur de la prison de la Conciergerie, déclare que la femme Poutrel serait venue à la prison pour s'entendre avec Duclos sur le choix d'un avocat. Duclos lui dit, continue M. Lebel : « As-tu vu...? « (Je ne me rappelle pas le nom.) — Oui, répondit la femme Poutrel, « mais il dit que ce n'est pas ce jour-là que tu l'as conduit, mais la « veille. — C'est, reprit Duclos, le dernier que j'ai conduit le 15, et je « le forcerai bien à le dire. »

LA FEMME POUTREL dit qu'il n'a point été question de dates.

TRUTIN est rappelé et explique longuement quel a été l'emploi de sa journée le jour de l'attentat, pour établir que c'est ce jour-là qu'il a été conduit par Duclos. Il affirme de nouveau, sur l'honneur, être remonté chez M. Zangiaconi pour modifier sa déclaration.

LE TÉMOIN LOUIS CAPET est rappelé sur la demande de Mᵉ Blot-Lequesne. Ce témoin raconte qu'il a rencontré M. Debergue il y a quelques jours, et que, lui ayant demandé s'il croyait que les débris de la carabine dont s'était servi Darmès fussent ceux de la carabine qu'il lui avait vendue, M. Debergue répondit que oui.

### Témoins relatifs à Considère.

LE SIEUR TALON, qui a été employé à la maison de détention de Poissy, déclare que Considère, qui était détenu dans cette maison à l'âge de vingt ans, pour délit politique, avait des opinions très-exaltées, mais il était très-généreux et probe. Il tenait des propos contre le roi, et il fut transféré à Clairvaux.

CONSIDÈRE explique que ce n'est point par suite de propos tenus contre le roi qu'il aurait été transféré, mais parce que, à plusieurs reprises, il avait réclamé avec énergie une amélioration dans la condition des prisonniers qui étaient, comme lui, on ne peut plus malheureux, et auxquels on donnait une nourriture détestable. « D'abord, ajouta-t-il, on me mit au cachot avec Deganne, ainsi qu'un nommé Raspail, dont vous avez peut-être entendu parler, messieurs. (Hilarité.) Et je ne fus transféré à Clairvaux que pour ces réclamations, et non pour les propos dont on parle. D'ailleurs, tous les employés de Poissy peuvent témoigner que je me suis toujours bien conduit. »

M. TALON reconnaît que Considère s'était toujours bien conduit jusqu'au moment de sa translation.

L'audience est levée à cinq heures un quart.

---

## 4ᵉ AUDIENCE. — 27 MAI 1841.

### Suite de l'audition des Témoins relatifs à Considère.

LA FEMME CHASSELIER : Je me rappelle fort bien que je suis allée voir, sur les huit heures du matin, la dame Considère, un jeudi du mois d'octobre, mais je ne me rappelle pas avoir vu quelqu'un chez elle, si ce n'est un petit homme qui entrait au moment où je sortais.

M. LE PRÉSIDENT, montrant Darmès : Est-ce cet homme là qui entrait ?

LE TÉMOIN : Oui, monsieur.

D. Le connaissiez-vous ? — R. Oui, monsieur ; je l'avais déjà vu chez madame Considère.

SIMARD, horloger, ne connaît pas Considère ; mais il a vu Darmès dans un cabaret de Montmartre, causant avec un homme.

Le témoin examine Duclos et affirme que ce n'est pas cet accusé qui était avec Darmès : c'était un homme plus petit, et il n'avait ni favoris, ni collier de barbe.

M. LE PROCUREUR GÉNÉRAL : Cependant vous avez déclaré dans l'instruction que l'individu que vous avez aperçu avec Darmès était un homme assez grand et qui portait des favoris.

LE TÉMOIN : M. Zangiacomi m'a demandé si ce n'était pas un nommé Valentin ou Florentin, cocher de cabriolet ; j'ai répondu que je ne connaissais ni un Valentin ni un Florentin. On a pu se tromper en rapportant ma déposition, comme on s'est trompé dans le rapport en disant que j'avais été impliqué dans l'affaire du *Moniteur républicain*.

sans le concours de ses membres. Or, quel homme pouvait être choisi pour aider Darmès, si ce n'est Duclos, que tout nous signale comme un des hommes d'action de la société, ayant chez lui, au service des communistes, un dépôt de munitions de guerre.

M. le procureur général rappelle les précédents de Duclos et les joint aux faits immédiats de la cause pour faire ressortir la complicité de Duclos. Ainsi, en 1852, cet accusé est vu sur les barricades de juin. Il appartient à la société des Droits de l'homme. Ses discussions politiques, ses propos odieux contre le roi, ses repas, ses courses en cabriolet avec Darmès, nous désignent dans Duclos un auxiliaire du régicide. Nous le disons avec assurance en ce qui concerne Duclos, ce sont les paroles de Darmès lui-même qui le condamnent.

Après avoir successivement discuté les dépositions des gardiens de la Conciergerie, il réfute celle de Trutin. Le ministère public s'occupe de Considère dont il soutient la culpabilité comme ayant prêté sa maison de Montmartre pour y résoudre l'attentat, et comme ayant assisté Darmès sur la place de la Concorde.

Messieurs, s'écrie le ministère public en terminant, ces sociétés ténébreuses dont les membres se comptent, qui précipitent dans les plus déplorables excès tant d'imaginations maladives et perverties, ont unanimement choisi la personne du roi pour le but de leur propagande anarchique et de leurs attaques. La France a voulu se constituer une monarchie dont les bases vraiment stables sont une alliance d'ordre et de liberté. La monarchie de juillet réunit en elle les conquêtes politiques élaborées depuis quarante ans, à d'autres principes sages et conservateurs. Ce gouvernement répond non-seulement à tous les vœux du pays, mais à ses véritables besoins ; mais ce sont précisément ces doubles garanties qui livrent le trône de juillet en butte aux partis qui n'acceptent rien de la révolution, et à ceux qui veulent la pousser au delà de ses légitimes limites.

Ces deux factions, dont l'origine est si différente, réunissent pourtant leurs efforts pour une entreprise commune ; ils ne cessent d'attirer sur la personne du roi les haines et les passions, et dernièrement encore on a vu l'un de ces partis, s'appuyant sur des écrits préparés à l'avance, imputer au monarque ce qu'il n'a point fait, ce qu'il n'a pas voulu faire, mais ce que ne désavouerait pas pour son propre compte le parti qui le lui attribue.

Que nos dernières paroles soient une leçon pour tous ceux qui rêveraient encore un succès fondé sur le crime. Qu'ils le sachent bien, ces hommes, leur ambition sera désormais impuissante ; qu'ils sachent que toute politique qui prendra pour auxiliaire l'assassinat, sera toujours flétrie dans notre belle France. Quoi qu'ils fassent, la justice restera debout pour leur infliger la honte et les châtiments qu'ils méritent.

### Défense de Darmès. — Plaidoirie de Me Pinède.

Me PINÈDE s'attache à rechercher s'il n'y a pas quelques circonstances qui militent en faveur de son client. Darmès, dit-il, n'a agi que sous l'influence des sociétés secrètes. On a profité de l'exaltation de son esprit, ou plutôt on a exalté son esprit pour le lancer dans une voie criminelle. Un être ignorant, sans intelligence et d'une nature pervertie, a pu être facilement entraîné. Croyez-le bien, Messieurs, je ne suis pas venu ici pour entreprendre la justification d'un si exécrable crime, d'une aberration si funeste ; mais enfin, si Darmès est le bras qui a exécuté le crime, la pensée est ailleurs : l'accusé n'a été qu'un instrument que de mauvaises passions ont mis en avant.

Le défenseur termine en manifestant l'espoir que la Cour aura quelque pitié d'un accusé qui n'avait pas sa volonté, et qu'elle ne le condamnera pas au dernier supplice. La peine de mort prononcée contre lui serait un malheureux exemple ; qu'on se rappelle Fieschi, Pepin, Morey, Alibaud, leur mort a-t-elle empêché Darmès de devenir régicide ?

### Défense de Duclos. — Plaidoirie de Me Ch. Ledru.

Me LEDRU : Il y a quelques années, messieurs les pairs, j'ai été appelé à remplir dans cette enceinte la mission la plus cruelle de ma vie. J'avais lieu d'espérer que je n'aurais jamais une seconde tâche de cette nature à remplir. Heureusement ce n'est pas un régicide que j'ai derrière moi ; c'est un accusé qui proteste de toutes ses forces contre l'accusation dont il est frappé. Ce n'est pas un homme qui n'explique son crime que par la glorification du crime même ; c'est un homme qui vous crie : Je suis innocent ; je n'ai pris aucune participation ni directe ni indirecte au crime que vous poursuivez ; je n'ai ni de fait ni d'intention aucun rapport avec le crime. Le défenseur de Duclos n'est donc pas condamné au rôle cruel d'assister, pour ainsi dire, à l'agonie de son client.

N'attendez donc pas de moi, Messieurs, que, dans une cause dont vous avez vu les proportions, je suive le ministère public dans la voie où il s'est lancé. On a fait de Duclos un homme politique; on a parlé de principes qui ne sont pas plus ceux de la défense que ceux de l'accusation ; c'est une simple défense d'avocat que j'aurai à vous présenter ; je m'occuperai des faits, et non de généralités.

M. le procureur général vous a parlé de la calomnie qui s'attache aux têtes royales : la calomnie ne s'attache pas seulement aux rois ; elle poursuit encore les simples citoyens dans les rangs les plus infimes de la société. Vous verrez que ce procès n'a pas d'autre origine que celle-là, et je vous en donnerai la preuve en vous faisant l'histoire des inimitiés de Mathieu et de Desmarets contre Duclos.

Vous connaissez, Messieurs, l'histoire de notre révolution ; vous savez qu'il s'y est développé des haines qui ont eu de déplorables résultats; il est arrivé à Duclos ce qui est arrivé à tant d'autres, il a été l'objet des dénonciations de Mathieu ; de Mathieu, qui est venu spontanément déclarer à la justice que Duclos avait été vu sur les barricades, qu'il prenait une part active à l'insurrection. D'autres témoins ont été entendus : ceux qui connaissent Duclos ont déclaré qu'il était incapable d'avoir pris part à l'insurrection, d'autres ont démenti les déclarations de Mathieu, celui-ci même a hésité, s'est rétracté en partie.

Il examine les faits reprochés à Duclos, et dit que l'accusation a été trop loin en déduisant des opinions de cet homme sa complicité dans l'attentat du 15 octobre. Il discute dans tous leurs détails les dépositions des témoins, et établit qu'elles se contredisent, et que d'ailleurs elles ne prouvent, en aucune manière, la présence de Duclos sur le lieu du crime, et sa participation même indirecte, non-seulement par les circonstances qu'elles révèlent, mais encore par la moralité des témoins principaux de qui elles émanent.

(M. le président interrompt le défenseur pour renvoyer la suite des plaidoieries à la prochaine audience. )

L'audience est levée à cinq heures trois quarts.

---

# 5e AUDIENCE. — 28 MAI 1841.

## Suite de la défense de Duclos. — Plaidoirie de
## Mᵉ Ch. Ledru.

Mᵉ CH. LEDRU commente et discute longuement les dépositions des témoins à charge ; il s'attache à démontrer qu'il n'en ressort aucune charge sérieuse contre son client. Selon le défenseur, un grand nombre de ces déclarations n'ont aucun fondement, leurs contradictions continuelles en font foi ; elles ne doivent donc inspirer aucune confiance à la Cour. En présence des contradictions qu'il vient de signaler, il se demande à quelle version on s'arrêtera ; sera-ce à l'affirmative ou à la négative ?

On a reproché aux témoins à décharge quelque hésitation. Mais qu'y a-t-il, selon Mᵉ Ledru, de plus simple que cette hésitation ? Chacun sait que la plus grande partie de ceux qui comparaissent comme témoins devant la Cour n'y comparaissent qu'avec répugnance, parce qu'ils ont peur de se compromettre.

Messieurs, ajoute le défenseur, la formalité du serment n'a pas beaucoup d'influence sur ceux qui viennent devant vous...

M. LE PRÉSIDENT, interrompant : J'engage le défenseur à respecter davantage la foi du serment. La foi du serment est reconnue dans toute la France, et on doit croire que ceux qui sont appelés à déposer leur serment le prêtent avec sincérité et en comprennent la sainteté.

Mᵉ CH. LEDRU combat ensuite les assertions des témoins Mathieu et Desmarest, qui selon lui ne méritent aucune confiance. Il s'attache ensuite à démontrer que la déposition de Trutin, qui a déclaré que Duclos l'avait conduit en cabriolet le 15 octobre, et dont la déclaration est corroborée par une date certaine, mérite toute confiance.

Le défenseur termine en déclarant qu'il a toute confiance dans la justice de la Cour, qui, il en est certain, ne l'abandonnera pas.

### Défense de Considère. — Plaidoirie de M<sup>e</sup> Blot-Lequesne.

M<sup>e</sup> BLOT-LEQUESNE donne d'abord quelques détails sur la vie de Considère, qu'il représente comme un homme honnête, probe, sincère, et doué d'un caractère généreux, sacrifiant toujours ses intérêts personnels à ceux des individus avec lesquels il s'est trouvé en relations confraternelles.

Faisant ensuite le tableau des habitudes de son client, le défenseur démontre qu'il est loin d'avoir les opinions anarchistes qu'on lui prête.

On a voulu, ajoute-t-il, se faire une arme contre lui de la condamnation qu'il a encourue en 1852, mais vous vous rappellerez, Messieurs, que Considère, qui était encore alors dans toute la fougue de l'âge, ne fut pas condamné comme ayant pris part au complot dont on poursuivait la répression, mais seulement comme non révélateur du complot.

On a voulu faire passer Considère pour anarchiste, pour un homme qui partage les idées, les sentiments des communistes, et qui s'est associé à leur œuvre. Mais voyons donc que nous répondra la police si nous l'interrogeons?

La police, vous le savez, dispose d'immenses moyens; rien ne lui échappe. La police a saisi de nombreuses listes des sociétés secrètes; y a-t-elle trouvé le nom de Considère? Non! La police a dissipé beaucoup, beaucoup de coalitions; a-t-elle vu Considère au nombre de ceux qui en faisaient partie?... Non! La police a combattu et vaincu beaucoup, beaucoup d'émeutes; a-t-elle rencontré Considère parmi les émeutiers? Non! non! cent fois non! Ne dites donc pas que les habitudes de Considère prouvent qu'il professe les doctrines anarchiques des communistes.

Ici M Blot-Lequesne démontre que son client n'a pas participé au complot, et que rien ne prouve qu'il ait réuni les communistes dans son cabaret. L'instruction, dit-il, n'a fourni aucun document qui démontre ce fait; elle a bien démontré que les communistes se réunissaient chez tel et tel marchand de vin dont elle a donné les noms et les adresses, mais elle n'a nullement prouvé cela à l'égard de Considère.

Le cabaret de Considère est un cabaret de barrière; est-il donc étonnant que des ouvriers de la barrière s'y soient réunis quelquefois, et en faut-il conclure que c'étaient des réunions de communistes? L'accusation n'en fournit aucune preuve. On procède par voie d'induction arbitraire ; on bâtit sur le sable, et on appelle cela une accusation fondée !

Darmès a été chez M. Laffitte chercher Considère ; donc c'est Considère, dit-on, qui a rassemblé les complices avant l'attentat. En vérité, Messieurs, il faut être de facile composition pour tirer une conclusion semblable !

Le défenseur démontre que rien ne prouve, que rien n'indique que Considère ait eu connaissance des projets de Darmès, et que par conséquent il est irrationnel de dire qu'il a rassemblé les complices. Que Darmès, dit-il, soit allé le 15 chez Laffitte, soit ; mais est-il seulement prouvé que Considère ait conféré avec lui ? pas le moins du monde. Les témoins employés chez Laffitte, et que vous avez entendus, vous ont déclaré que Considère ne pouvait sortir sans permission, et qu'ils ne se rappellent pas qu'il en ait sollicité une ce jour-là, qui était un jour d'échéance, jour pendant lequel il est impossible à Considère de s'occuper d'autre chose que de son travail.

Si réellement cela était, mais est-ce que Considère aurait trouvé à se placer dans la maison de M. Laffitte ? Est-ce que vous croyez que ce dernier aurait consenti à faire de sa maison un repaire d'anarchistes ? Non, évidemment non, et je dirai avec Montaigne : *S'il était assez fol pour cela, il ne serait pas assez fort.*

Messieurs, permettez-moi de vous dire quelle est, sur Considère, l'opinion de M. Laffitte. Voici ce que ce dernier m'écrit :

« Paris, 26 mai 1841.

« Monsieur,

« Je m'empresse de répondre à la lettre que vous m'avez fait l'honneur de m'adresser.

« Je confirme l'entière vérité des faits allégués par Considère, votre client, en ce qui concerne les services qu'il a rendus à ma maison en 1830. J'ajouterai cette circonstance honorable pour lui, qu'instruit, le 29 juillet, qu'un homme du peuple s'était placé spontanément à la porte de ma caisse en disant à la foule armée : *Mes amis, puisqu'il l'abandonne pour nous, je vais la garder pour lui ;* je n'ai su néanmoins que cet homme était Considère que lors du procès des tours Notre-Dame.

« Considère m'écrivit de Fontevrault après sa condamnation, je lui fis parvenir un secours. Amnistié en 1837, il se présenta chez moi, et je donnai ordre de lui compter 200 francs. Mais, par suite d'un abus de confiance, ce nouveau secours passa aux mains d'un tiers, et, malgré les instances qui lui furent faites, il crut ne devoir pas accepter la somme qu'on était autorisé à lui remettre. *C'est moi qui ai été volé*, disait-il, *et non M. Laffitte ; je ne veux pas qu'il supporte les conséquences du vol.*

« Cet excès de délicatesse, et le souvenir de son dévouement en 1830, me décidèrent à donner à Considère une place de garçon de bureau dans ma maison. Depuis qu'il y est employé, aucune plainte ne s'est élevée contre lui ; son activité, son zèle et sa probité lui ont concilié l'estime de tout le monde, et je suis heureux de lui rendre ce témoignage dans la situation où l'ont placé quelques fâcheux antécédents et des relations que je crois p'us malheureuses que coupables.

« Du reste, le sieur Alphonse Letrillard, également garçon de bureau dans ma maison, vient de m'affirmer que, le 15 octobre dernier, il n'a pas perdu Considère de vue depuis huit heures du matin jusqu'à cinq heures du soir, et que son camarade n'a pas abandonné un seul instant son devoir de chaque jour.

« Recevez, etc.

« *Signé* J. LAFFITTE. »

M° BLOT-LEQUESNE discute ensuite les déclarations des témoins relatives à l'achat de la carabine ; expliquant ces déclarations l'une par l'autre, il s'attache à démontrer que Darmès a bien réellement acheté l'arme, dont il s'est servie, chez l'armurier Louis Capet, et qu'ainsi il serait dérisoire de supposer que la carabine a dû être fournie par Considère. L'identité de la carabine n'est pas douteuse, suivant le défenseur ; c'est bien celle qui a été vendue par Capet.

Le défenseur termine ainsi :

J'ai tellement la certitude de l'innocence de Considère que j'accepterai volontiers pour juge M. le procureur général lui-même, et que je lui dirai : Jugez-le ; posez la main sur votre conscience, et si une parole de condamnation peut tomber de votre bouche, eh bien, condamnez-le !

L'audience est suspendue pendant un quart d'heure.

### Réplique et Réquisition du Ministère public.

M. FRANCK-CARRÉ insiste fortement sur la culpabilité de Darmès et de Duclos. Il donne ensuite lecture des réquisitions suivantes :

Le procureur général du roi près la Cour des pairs :

Attendu que de l'instruction et des débats résulte la preuve que Darmès s'est rendu, dans la journée du 15 octobre 1840, coupable d'un attentat contre la vie du roi,
Crime prévu par les articles 86 et 88 du Code pénal ;

Attendu que de l'instruction et des débats résulte également la preuve que
Duclos s'est rendu complice du crime ci-dessus spécifié, soit en concertant et arrêtant la résolution avec Darmès, soit en l'aidant et assistant dans les faits qui en ont préparé, facilité et consommé l'exécution,
Crimes prévus par les articles 59, 60, 86, 88 et 89 du Code pénal :

Requiert qu'il plaise à la Cour de déclarer :

1° Darmès coupable de l'attentat comme auteur principal ;
2° Duclos coupable de s'être rendu complice de cet attentat ;
Appliquer en conséquence aux accusés Darmès et Duclos les peines portées par les articles ci-dessus énoncés ;

Déclarant le procureur général, à l'égard du nommé Considère, s'en rapporter à la prudence de la Cour.

Fait en la Cour des pairs, le 28 mai 1841.


### Réplique pour Duclos.


Me CH. LEDRU s'attache à réfuter les assertions du ministère public, et discute de nouveau les dépositions des témoins, et surtout celle de la femme Saint-Gaudiens et celle de Fagard ; il se plaint de ce qu'on se serve d'une partie de la déposition d'un témoin pour dire oui, et d'une autre partie de déposition pour dire non.

Si, par un malheur que le défenseur regarde comme impossible, Duclos venait à être condamné, cet accusé, selon le défenseur, serait une victime de la haine, de la haine aveugle et violente de deux témoins ; et qu'on ne me rappelle pas leur serment, s'écrie-t-il, car je rappellerais que le plus juste a été condamné sous la foi du serment prêté par des scélérats ! (Sensation.)

Me Ledru insiste avec force sur l'innocence de son client.

Me BLOT-LEQUESNE : Après les paroles de M. le procureur général, je n'ai plus qu'à déclarer que je m'en rapporte à la prudence de la Cour.

M. LE PRÉSIDENT : Darmès, avez-vous quelque chose à ajouter à votre défense ?

DARMÈS : Non, M. le président, je m'en rapporte au plaidoyer prononcé par mon avocat.

M. LE PRÉSIDENT à Duclos : Avez-vous quelque chose à ajouter à votre défense ?

DUCLOS : Je m'en rapporte à la sagesse de la Cour.

M. LE PRÉSIDENT adresse la même question à Considère, qui répond négativement.

M. LE PRÉSIDENT prononce la clôture des débats, et ordonne que la Cour se retire pour en délibérer.

L'audience est levée à quatre heures et demie.

---

# 6e AUDIENCE. — 29 MAI 1841.

## ARRÊT.

La Cour est entrée en délibération à midi précis. A six heures et quart les portes ont été ouvertes à un public peu nombreux.

Au banc de la défense sont Mes Plaède et Charles Ledru.

Selon l'habitude de la Cour, aucun des accusés n'est présent.

M. le chancelier donne lecture de l'arrêt suivant, au milieu d'un profond silence :

La Cour des pairs :

Vu l'arrêt du 11 de ce mois, ensemble l'acte d'accusation dressé en conséquence contre :

Darmès (Ennemond-Marius),

Duclos (Valentin),

Considère (Claude-François-Xavier),

Ouï les témoins en leurs dépositions et confrontations avec les accusés ;

Ouï le procureur général du roi en ses dires et réquisitions, lesquelles réquisitions par lui déposées sur le bureau de la Cour sont ainsi conçues :

Le procureur général du roi près la Cour des pairs,

Attendu que de l'instruction et des débats résulte la preuve que Darmès (Ennemond-Marius) s'est rendu, dans la journée du 15 octobre 1840, coupable d'un attentat contre la vie du roi,

Crime prévu par les articles 86 et 88 du Code pénal ;

Attendu que de l'instruction et des débats résulte également la preuve que

Duclos (Valentin)

S'est rendu complice du crime ci-dessus spécifié, soit en concertant et arrêtant la résolution avec Darmès, soit en l'aidant et assistant dans les faits qui ont préparé, facilité et consommé l'exécution,

Crime prévu par les articles 59, 60, 86, 88 et 89 du Code pénal ;

Requiert qu'il plaise à la Cour déclarer :

1° Darmès coupable de l'attentat comme auteur principal ;

2° Duclos coupable de s'être rendu complice de cet attentat ;

Appliquer, en conséquence, aux accusés Darmès et Duclos, les peines portées par les articles de loi sus-énoncés.

Déclarant, le procureur général, à l'égard du nommé Considère (Claude-François-Xavier), s'en rapporter à la prudence de la Cour.

Fait à l'audience de la Cour des pairs, le 28 mai 1841.

Signé FRANCK-CARRÉ.

Après avoir entendu Darmès et M<sup>e</sup> Pinède, son défenseur ; Duclos et M<sup>e</sup> Charles Ledru, son défenseur ; Considère et M<sup>e</sup> Blot-Lequesne, son défenseur,

Et après en avoir délibéré :

En ce qui concerne Darmès (Ennemond-Marius),

Attendu qu'il est convaincu d'avoir, le 15 octobre 1840, par l'emploi d'une arme à feu, commis un attentat contre la personne et la vie du roi ;

En ce qui concerne Considère (Claude-François-Xavier),

Attendu qu'il ne résulte pas des débats charges suffisantes qu'il se soit rendu coupable comme auteur, ou comme complice, du crime ci-dessus spécifié,

Déclare Considère (Claude-François-Xavier)

Acquitté de l'accusation portée contre lui,

Ordonne qu'il sera mis sur-le-champ en liberté s'il n'est retenu pour autre cause ;

En ce qui concerne Duclos (Valentin),

Attendu qu'il ne résulte pas des débats charges suffisantes qu'il se serait rendu coupable comme auteur ou comme complice du crime ci-dessus spécifié ;

Le déclare acquitté de l'accusation portée contre lui ;

Et néanmoins, attendu que de l'instruction il résulte qu'il peut y avoir lieu à poursuites contre lui à raison de crime, délit ou contravention prévus par la loi,

Le renvoie devant qui de droit, à la diligence du procureur général du roi près la Cour, le mandat décerné contre lui subsistant ;

Déclare :

Darmès (Ennemond-Marius)

Coupable d'attentat contre la personne et la vie du roi,

Crime prévu par les articles 86 (§ 1er), 88 et 302 du Code pénal, ainsi conçus :

« Art. 86, § 1er. L'attentat contre la vie ou contre la personne du roi est puni de la peine du parricide. »

« Art. 88. L'exécution ou la tentative constitueront seuls l'attentat. »

« Art. 302. Tout coupable d'assassinat, de parricide, d'infanticide ou d'empoisonnement, sera puni de mort, sans préjudice de la disposition particulière contenue en l'art. 13 relativement au parricide. »

Vu les articles 12, 13 et 36 du Code pénal, ainsi conçus :

« Art. 12. Tout condamné à mort aura la tête tranchée. »

« Art. 13. Le coupable condamné à mort pour parricide sera conduit sur le lieu de l'exécution en chemise, nu-pieds et la tête couverte d'un voile noir; il sera exposé sur l'échafaud pendant qu'un huissier fera au peuple lecture de l'arrêt de condamnation, et il sera immédiatement exécuté à mort. »

« Art. 56. Tous arrêts qui porteront la peine de mort, des travaux forcés à perpétuité et à temps, la déportation, la détention, la réclusion, la dégradation civique et le bannissement, seront imprimés par extraits.

« Ils seront affichés dans la ville centrale du département, dans celle où l'arrêt aura été rendu, dans la commune du lieu où le délit aura été commis, dans celle où se fera l'exécution, et dans celle du domicile du condamné. »

Condamne Darmès (Ennemond-Marius) à la peine du parricide;

Ordonne qu'il sera conduit sur le lieu de l'exécution en chemise, nu-pieds et la tête couverte d'un voile noir; qu'il sera exposé sur l'échafaud pendant qu'un huissier fera au peuple lecture de l'arrêt de condamnation, et qu'il sera immédiatement exécuté à mort;

Condamne Darmès aux frais du procès, desquels frais la liquidation sera faite conformément à la loi, tant pour la portion qui doit être supportée par le condamné que pour celle qui doit demeurer à la charge de l'État;

Ordonne que le présent arrêt sera exécuté à la diligence du procureur général du roi, imprimé, publié et affiché partout où besoin sera, et qu'il sera lu et notifié aux accusés par le greffier en chef de la Cour.

Fait et délibéré à Paris, le samedi 29 mai 1841, en la chambre du conseil, où siégeaient :

M. le baron Pasquier, chancelier de France, et MM. le duc de Broglie, le duc de Montmorency, le maréchal duc de Reggio, le duc de Castries, le marquis d'Aligre, le comte Molé, le baron Séguier, le comte de Noé, le duc de Massa, le comte Claparède, le marquis de Dampierre, le comte de Houdetot, le baron Mounier, le comte Mollien, le comte de Pontécoulant, le comte de Sparre, le vice-amiral comte Verhuell, le comte de la Villegontier, le baron Dubreton, le comte de Bastard, le marquis de Pange, le comte Portalis, le duc de Crillon, le duc de Coigny, le comte Siméon, le comte de Saint-Priest, le comte de Tascher, le maréchal comte Molitor, le comte de Courtarvel, le comte de Breteuil, le comte Dejean, le comte de Richebourg, le duc de Plaisance, le vicomte Dode, le duc de

Brancas, le comte Cholet, le comte Boissy-d'Anglas, le duc de Noailles, le marquis de Laplace, le duc de La Rochefoucauld, le vicomte de Ségur-Lamoignon, le duc d'Istrie, le marquis de Lauriston, le duc de Périgord, le comte de Saint-Aulaire, le comte de Ségur, le marquis de Barthélemy, le comte de Bondy, le baron Davillier, le comte Gilbert des Voisins, le comte Excelmans, le comte de Flahaut, le vice-amiral comte Jacob, le comte Pajol, le comte Philippe de Ségur, le baron de Lascours, le comte Cazan, le baron Girod (de l'Ain), Aubernon, Besson, le président Boyer, le vicomte de Caux, le duc de Fezensac, le baron de Fréville, Gautier, le comte Heudelet, le baron Malouet, le baron Thénard, le baron Zangiacomi, le comte de Ham, le baron de Mareuil, le comte Bérenger, le baron Berthezène, le comte de Colbert, le comte de la Grange, Félix Faure, le comte Daru, le baron Neigre, le baron Duval, le comte de Beaumont, le baron de Reinach, le comte de Saint-Cricq, Barthe, le comte d'Astorg, le comte de Gasparin, le comte de Hedouville, de Cambacérès, le vicomte de Chabot, le marquis de Cordoue, le baron Feutrier, le baron Fréteau de Pény, le marquis de la Moussaye, le vicomte Pernety, de Ricard, le comte de la Riboissière, le comte de Saint-Aignan, le vicomte Siméon, le comte de Rambuteau, le comte d'Alton-Shée, le prince de Wagram, le comte Bresson, le marquis d'Audiffret, le comte de Monthion, le marquis de Belbeuf, le baron de Brigode, le marquis de Chanaleilles, Chevandier, le baron Darriule, le baron Delort, le baron Dupin, le comte Durosnel, le duc d'Harcourt, le vicomte d'Abancourt, le baron Jacquinot, Kératry, le comte d'Audenarde, le vice-amiral Halgan, le comte Marchand, Mérilhou, le comte de Mosbourg, Odier, Paturle, le baron Pelet, Périer, le baron Petit, le vicomte de Préval, le baron de Schonen, le chevalier Tarbé de Vauxclairs, le vicomte Tirlet, le vice-amiral Willaumez, Laplagne Barris, Rouillé de Fontaine, le vicomte de Jessaint, le baron de Saint-Didier, le vice-amiral de Rosamel, M. Maillard, le duc de La Force, de la Pinsonnière, le vicomte Schramm, Aubert, le marquis de Boissy, le vicomte Borelli, le vicomte Cavaignac, Étienne, le duc d'Estissac, Lebrun, le marquis de Lusignan, le baron de Malaret, le comte Eugène Merlin, le comte de Sainte-Hermine, le baron Teste, de Vandeul, Viennet, Rossi, Bérenger (de la Drôme), le prince de la Moskowa,

Lesquels ont signé avec le greffier en chef.

M. Cauchy, greffier en chef de la Cour, s'est transporté à la prison pour faire aux accusés la lecture de l'arrêt. Darmès n'a manifesté aucune émotion en entendant la sentence qui le condamne à mort. Considère a été immédiatement mis en liberté ; il est sorti par la grille de l'Odéon, où l'attendait un fiacre.

## EXÉCUTION DE DARMÈS.

### (31 mai 1841.)

Dès que l'arrêt de la Cour des pairs qui condamne Darmès à la peine des parricides fut prononcé, ce malheureux reçut la visite de son défenseur, qui le supplia de signer un recours en grâce. Darmès, qui paraissait fort calme, refusa d'employer ce moyen ; il résista à toutes les prières qui lui furent faites à ce sujet.

« Je n'ai ni à me plaindre, ni à me louer de ce que l'on a fait et de ce que l'on va faire, dit-il : cela est tout simple et fort raisonnable ; *il n'y a que les morts qui ne reviennent pas*. Si je demandais grâce, je ferais une lâcheté, et si on me l'accordait, on ferait une sottise. J'ai contracté, le 15 octobre, une dette que je veux acquitter. »

Le défenseur de Darmès, sans se rebuter, tenta, dit-on, une démarche personnelle à Neuilly ; mais elle fut sans résultat, un aide-de-camp lui ayant fait réponse que le roi ne pouvait le recevoir, attendu que le sort de son client avait été décidé en Conseil des ministres.

Ce matin, à sept heures et quelques minutes, a eu lieu l'exécution de Darmès. A minuit l'échafaud avait été dressé au centre de la place Saint-Jacques, et les cultivateurs qui, en se rendant à la Halle, avaient vu les apprêts du supplice ou qui avaient été obligés de se détourner de leur chemin, ayant répandu la nouvelle de l'exécution, dès quatre heures on voyait des divers points de Paris les curieux se diriger vers le lieu fatal. Le condamné, prévenu hier à onze heures que son exécution aurait lieu de grand matin, n'avait pas paru ému ; il s'était même endormi comme d'ordinaire, après avoir demandé qu'on l'éveillât aussitôt que le vénérable ecclésiastique qui devait l'assister à ses derniers moments se présenterait. Ce soin fut inutile, car, après avoir dormi quelques heures seulement, il s'éveilla. Vers cinq heures, on vint lui annoncer la visite de l'abbé Massiau, prêtre du clergé de Saint-Roch, confesseur de sa mère.

« Qu'il entre, répondit-il, je le recevrai avec plaisir ; je crois en Dieu, et j'espère qu'il me pardonnera. »

Lorsqu'il eut passé quelques instants avec l'abbé Massiau, on vint le chercher afin de procéder aux lugubres préparatifs de la toilette. Pendant cette triste cérémonie, Darmès dit : « Voilà bien des précautions pour faire tomber la tête d'un homme qui ne demande qu'à mourir. »

On rapporte encore qu'il dit aussi aux gens de l'exécuteur : « Je ne tremble pas. Vous le voyez, je ne meurs pas comme la Dubarry. »

A six heures et demie, tous les préparatifs étant terminés, le cortége se mit en marche et traversa le jardin du Luxembourg, se dirigeant vers la grille de l'Observatoire.

Un grand déploiement de forces avait en lieu et toutes les mesures de précaution avaient été prises. Les abords du lieu de l'exécution se trouvaient interceptés par des détachements du corps de gendarmerie de la Seine, des gardes municipaux, de cuirassiers et de chasseurs à cheval, ainsi que par un bataillon du 63e régiment d'infanterie de ligne, arrivant d'Afrique, et qui formait le cordon autour du vaste cercle resté libre au pied de l'échafaud. Trois commissaires de police et plusieurs officiers de paix revêtus de leurs insignes, plusieurs officiers de l'état-major de la division, M. le lieutenant-colonel Lardenois, de la garde municipale, M. Ollivier Dufresnes, inspecteur général des prisons. se trouvaient dans ce cercle, au dehors duquel se pressait la foule, dominée par quelques curieux qui avaient loué les fenêtres des bâtiments élevés en face de l'échafaud.

A sept heures cinq minutes, la voiture où se trouvaient le condamné, son confesseur et l'exécuteur des arrêts criminels du département de Seine-et-Oise, remplaçant celui de la Seine, empêché par une maladie, arrivait sur la place et pénétrait dans l'enceinte fermée d'un triple rang de soldats ; Darmès, les pieds entièrement nus, vêtu d'un pantalon bleuâtre, d'une chemise par-dessus laquelle on avait jeté une sorte de peignoir flottant, et la tête couverte d'un long voile noir, descendit de la voiture, s'avança vers l'échafaud, sur la première marche duquel il s'agenouilla, et fit une courte prière. Il avança ensuite son visage vers son confesseur en lui demandant le baiser d'adieu, et comme celui-ci s'apprêtait à relever le voile du régicide pour l'embrasser, l'exécuteur l'en empêcha, et ce fut par-dessus le crêpe funèbre qu'il donna un baiser au patient, en l'exhortant au repentir.

Le premier huissier de la Chambre des pairs, M. Demon, commis pour lire à Darmès sa sentence sur l'échafaud, aux termes de la loi et de l'arrêt de la Cour, parut en ce moment sur l'estrade.

La lecture achevée, et comme l'exécuteur, assisté de ses aides, s'approchait pour le saisir, Darmès s'écria : « Vive la France! mort à ses ennemis! »

En ce moment, on lui enleva le voile qui lui cachait le visage, et il profita de ces quelques secondes pour jeter à la foule quelques paroles que la volubilité de son débit, l'accent provençal et le timbre couvert de son organe ne permirent pas d'entendre, et l'on ne saisit de son allocution dans laquelle il parlait de christianisme, d'affranchissement, que ces derniers mots : « Puissent, s'il y a jamais une invasion, se trouver cinq cent mille hommes comme moi! »

Une minute après, la même voiture qui avait amené le régicide au pied de l'échafaud, conduisait son cadavre mutilé dans le terrain du cimetière du Mont-Parnasse, destiné aux suppliciés.

FIN.

Pagination incorrecte — date incorrecte

**NF Z 43**-120-12